리폼드 시리즈 REFORMED SERIES

개혁주의는 하나님 중심, 말씀 중심, 교회 중심의 신학을 말합니다. '성령으로 돌아가자'던 종교개혁자들의 외침을 따라 하나님의 주권에 복종하고 성경의 권위를 인정하고 근본 교리를 믿었던 사람들이 바로 개혁주의자들입니다. 존 칼빈, 존 번연, 리처드 백스터, 조나단 에드워즈, 존 오웬 등은 대표적인 개혁주의 신학자들입니다. 그들 신앙의 중심에는 성경이 있었고 성경의 바른 교리를 따라 성도들을 가르쳤습니다. 오늘 우리는 그 어느 때보다 신앙의 근본이 절실한 시대를 살고 있습니다. 생명의말씀사는 신앙 선배들의 깊은 통찰이 담긴 양서들을 새롭게 단장하여 한국교회를 섬기고자 합니다.

구원하는
믿음의 증거

GOSPEL EVIDENCES OF SAVING FAITH
by John Owen

Copyright ⓒ 2016 by Reformation Heritage Books
Originally published as *Gospel Grounds and Evidences of the Faith of God's Elect* (London, 1965).
This English edition published by Reformation Heritage Books, Grand Rapids, MI. USA.
This Korean edition is translated and used by permission of Reformation Heritage Books
through arrangement of rMaeng2, Seoul, Republic of Korea.

This Korean Edition Copyright ⓒ 2018 by Word of Life Press, Seoul, Republic of Korea.

이 한국어판의 저작권은 알맹2 에이전시를 통하여
Reformation Heritage Books 사와 독점 계약한 생명의말씀사에 있습니다. 신저작권법에
의하여 한국 내에서 보호받는 저작물이므로 무단 전재와 무단 복제를 금합니다.

구원하는 믿음의 증거

ⓒ **생명의말씀사** 2018

2018년 9월 20일 1판 1쇄 발행

펴낸이 | 김재권
펴낸곳 | 생명의말씀사

등록 | 1962. 1. 10. No.300-1962-1
주소 | 서울시 종로구 경희궁1길 5-9(03176)
전화 | 02)738-6555(본사) · 02)3159-7979(영업)
팩스 | 02)739-3824(본사) · 080-022-8585(영업)

기획편집 | 유영란
디자인 | 박소정, 윤보람
인쇄 | 영진문원
제본 | 정문바인텍

ISBN 978-89-04-16636-7 (04230)
ISBN 978-89-04-00161-3 (세트)

저작권자의 허락없이 이 책의 일부 또는 전체를
무단 복제, 전재, 발췌하면 저작권법에 의해 처벌을 받습니다.

구원하는 믿음의 증거

Gospel Evidences of Saving Faith

존 오웬 지음 | 조계광 옮김

일러두기
구원하는 믿음 Saving Faith : 하나님의 은혜로 주어지는 죄인을 구원하는 믿음.
이 책에서 말하는 참된 믿음, 참 신앙은 이 믿음을 뜻한다.

이 책에 대하여 브라이언 헤지스 _6
들어가는 글 _22

chapter 1 첫 번째 증거 _25

구원하는 믿음은 오직 그리스도의 사역을 통해
죄인들을 구원하시는 하나님의 방법만을
선택하고, 수용하고, 인정한다

chapter 2 두 번째 증거 _65

구원하는 믿음은 성경에 계시된 대로
하나님이 요구하시는 거룩함과 복종을
습관적으로 추구한다

chapter 3 세 번째 증거 _99

구원하는 믿음은 거룩한 예배를 드릴 때
모든 은혜를 활용하려고 항상 노력한다

chapter 4 네 번째 증거 _115

구원하는 믿음은
영혼을 특별한 회개의 상태로 이끈다

부록 『웨스트민스터 신앙고백』 14장 구원하는 믿음 _152
주 _154

이 책에 대하여

존 오웬은 윌리엄 셰익스피어가 사망한 해인 1616년에 태어났다. 셰익스피어가 영어권 역사상 가장 위대한 극작가라면, 오웬은 영어권 역사상 가장 위대한 신학자임에 틀림없다.

목회자의 아들이었던 오웬은 청교도 시대의 영광과 질곡을 모두 경험했다. 그는 1650년대에 크롬웰의 궁정목사로 활동했고, 1657년에는 크롬웰을 왕으로 옹립하려는 시도를 반대했다. 1660년 왕정이 복고된 이후에는 비국교도라는 이유로 박해를 당했다. 그로 인해 그의 영향력은 크게 줄었고, 남은 삶과 사역의 방향에 많은 변화가 일어났다.

오웬은 청교도 가정에서 성장했지만 1642년 이전까지는 구원의 확신에 이르지 못했다. 그는 유명한 에드먼드 캘러미(Edmund Calamy)의 설교를 듣기 위해 런던에 있는 성 마리아 앨

더만베리 교회(St. Mary Aldermanbury)의 예배에 참석했다. 그러나 정작 강단에 선 설교자는 오웬이 한 번도 이름을 들어본 적이 없는 사람이었다. 그 설교자는 "어찌하여 무서워하느냐 믿음이 작은 자들아"(마 8:26)를 본문으로 말씀을 전했는데, 하나님은 그 설교를 통해 오웬에게 구원의 확신을 허락하셨다.[1]

오웬은 이듬해 자신의 첫 번째 책을 펴냄으로써 사십 년에 걸친 저술 작업의 첫 시작을 알렸다. 그는 여든 권 이상의 책을 저술했으며, 그 가운데 일부는 그의 사후에 출판되었다. 그의 책은 대부분 신앙 고전으로서의 지위를 꾸준히 누려 왔고, 최근 몇십 년 동안에는 다시 발행되었다.

그 가운데는 죄의 문제를 다룬 『죄와 유혹』(Overcoming Sin and Temptation), 특별 구원을 견실하게 옹호한 『그리스도의 죽으심』(Death of Death in the Death of Christ), 삼위일체 영성을 경건하게 해설한 『성부와 성자와 성령과의 교통』(Of Communion with God the Father, Son, and Holy Ghost), 실로 감명 깊은 『그리스도의 영광』(Meditations and Discourses on the Glory of Christ), 대표작인 『성령론』(Pneumatologia: A Discourse Concerning the Holy Spirit) 등이 있다. 스물네 권으로 이루어진 『존 오웬 전집』(Works)은 영적 보물창고와 다름없다. 『구원하는 믿음의 증거』(Gospel Evidences of Saving Faith)는 그중에서 비교적 덜 알려진 주옥같은 책 가운데 하나다.[2]

이 책의 가치

활력 있는 신앙생활은 무엇보다도 믿음과 긴밀한 연관이 있다. 성경은 우리가 믿음으로 의롭다 함을 얻고(갈 2:16), 거룩하게 될 뿐 아니라(행 26:18), "듣고 믿음으로" 성령을 받고(갈 3:2, 5, 14), 믿음으로 하나님의 자녀가 된다고 가르친다(요 1:12-13, 갈 3:26). 또한 의인은 믿음으로 살고(롬 1:17, 갈 3:22), 믿음이 없이는 하나님을 기쁘시게 할 수 없다(히 11:6). 우리는 보는 것이 아니라 믿음으로 행하고(고후 5:7), 우리를 사랑하사 우리를 위해 자기를 버리신 하나님의 아들을 믿는 믿음으로 산다(갈 2:20). 믿음으로 하지 않는 것은 모두 죄다(롬 14:23). 신앙생활 전체가 믿음의 삶이 되어야 한다.

그러나 참된 믿음의 본질과 증거를 둘러싸고 큰 혼란이 빚어질 때가 적지 않다. 성경은 죽은 믿음이 존재한다고 말씀한다(약 2:14-26). "믿었지만" 결국 예수님의 참 제자가 아닌 것으로 드러난 경우들이 성경에서 심심치 않게 발견된다(요 2:23-25, 8:31-37 참조). 따라서 구원하는 믿음의 참된 본질을 이해하고, 삶 속에서 그 증거를 식별하는 방법을 깨우쳐, 믿음을 활용해 영적으로 형통한 삶을 살아가는 기술을 터득하는 것이 무엇보다 중요하다.

그런데 신앙의 대상이신 그리스도께만 시선을 온통 고정시킨 채로 그런 문제들을 목양적인 차원에서 옳게 분석한 책을 찾아보기는 매우 어렵다. 오웬은 이 작은 책에서 그 두 가지를 모두 이루었다. 이 책이 오늘날 교회에 여전히 귀한 가치를 지니는 이유는 크게 네 가지다.

첫째, 오웬은 다른 모든 종교적 체계와 복음적인 기독교의 차이를 강조한다. 그리스도인의 삶을 다룬 여타의 책들이 이 차이를 항상 분명하게 드러내는 것은 아니다. 도덕적인 지침과 실천적인 조언은 풍성하게 제시하지만 종교와 복음을 옳게 구별하지 못하는 책이나 설교가 많다.

요즘에는 "복음"(gospel)이라는 용어를 형용사로 사용하는 것이 유행이다. "복음적인" 성결, "복음 중심적인, 또는 복음 지향적인" 삶을 다루는 책들이 즐비하다. 아마도 이런 경향을 일시적인 신학적 유행에 불과하다 생각하고, 싫증을 느끼기 시작한 독자들도 더러 있을 것이다. 그런 표현 방식에 대해 왈가왈부하고 싶은 생각은 없다. 내가 말하려는 요점은 오웬이 지금의 복음 중심적 운동보다 3세기 반이나 앞섰다는 것이다.

그의 책들 가운데서 "복음"을 형용사로 사용한 사례를 발견하기는 그리 어렵지 않다. 그는 이 책에서도 이 용어를 최소한

열 번이나 그런 식으로 사용했다. 구체적으로 말해 그는 "복음적인 성결"을 여섯 번, "복음적인 회개"를 두 번, "복음적인 은혜"와 "복음적인 의식"을 각각 한 번씩 사용했다.

이런 용례는 이 책의 원제에서도 또한 확인된다. 물론 이 책이 오웬이 사망한 지 약 12년이 지난 1695년에 처음 출판되었음을 감안하면 출판업자들이 책 제목을 그렇게 붙였을 가능성도 있다. 그럼에도 불구하고 이 제목이 오웬의 책에 담긴 내용을 정확하게 기술하는 것은 분명한 사실이다. 그는 구원하는 믿음의 증거와 근거를 면밀히 살피면서 참된 신앙과 거짓된 신앙을 구별하는 데 많은 지면과 노력을 할애했다.

역사를 잘 아는 독자들은 오웬이 누구를 염두에 두고 이 책을 썼는지 익히 짐작할 수 있을 것이다. 그중에는 로마 가톨릭주의자, 퀘이커교도, 소치니파(Socinian) 등이 있었다. 오웬은 로마 가톨릭의 형식주의와 미신과 율법주의, 퀘이커교의 신비주의, 소치니파의 합리주의에 깊은 우려를 느꼈다. 그는 그런 것들에 맞서 구원하는 믿음은 복음에 근거하며, 복음에 의해 형성된다고 강조했다.

그는 복음을 "그리스도의 인격과 중재와 의와 중보를 통해 죄인들을 구원하시는 하나님의 방법을 선포하는 것"으로 정의했다. 오웬은 신앙의 본질과 생명이 성자의 십자가 사역을 통해 죄인들을 구원하시는 하나님의 방법을 이해하고, 온 마음으로 그것을 받아들이는 것에 달려 있다고 생각했다.

참 신앙은 하나님이 제시하신 구원의 방법이 그분의 거룩하고 은혜로운 속성들을 밝히 드러내 그분을 가장 영화롭게 하고, 또 거듭난 심령과 생각을 가장 기쁘고 만족스럽게 한다고 확신한다. 이런 복음적인 확신이 결여된 곳에는 구원하는 믿음이 존재하지 않는다.

오웬은 이런 확고한 신념을 지녔기 때문에 단지 외적인 도덕적 행위나 종교적인 실천으로 스스로를 점검하라고 권고하지 않았다. 그는 은혜의 사역이 실제로 영혼 안에서 일어나, 구원을 얻기 위한 다른 모든 방법과 소망을 포기한 채, 오직 그리스도 안에 나타난 하나님의 은혜만을 의지해야 한다는 점을 독자들에게 상기시켜 주려고 노력했다. 그는 이것을 참되고 복음적인 기독교로 간주했고, 그것을 온전히 받아들이는 것을 구원하는 믿음의 첫 번째 증거로 제시했다.

둘째, 오웬은 그렇게 생각했기 때문에 자연스럽게 율법주의와 율법폐기론의 오류를 피하는 방식으로 구원하는 믿음의 참된 본질을 밝혀 나갔다. 그는 이 책에서 "율법주의"나 "율법폐기론"이라는 표현을 사용하지는 않았지만, 진정으로 거듭난 사람은 "방탕한 죄인들"은 물론, "율법적인 신념을 지니고 살아가는 사람들"과 분명하게 구별된다는 사실을 여실하게 보여 주었다.

거듭난 영혼은 범사에 하나님의 영광을 추구하려는 열망을 지니며, 항상 마음으로 하나님의 거룩하심을 인정하고 사모한다. 오웬은 "영적인 빛과 은혜의 광채가 비추기 시작하면 영혼과 생각 속에 끊임없이 하나님의 영광을 추구하려는 열망이 생겨난다."라고 말했다.

하나님의 영광을 바라는 이런 열망이 율법주의와 율법폐기론으로부터 신자의 영혼을 지켜 준다. 하나님의 영광을 추구하는 신자는 복음이 제시하는 방식(즉 그리스도의 중보 사역을 통한 구원) 외에 다른 구원의 방식은 모두 거룩하신 하나님께 적합하지 않다고 여겨 배격한다. 이것은 신자의 영혼을 율법주의(자신의 도덕적인 공로나 율법적인 행위를 하나님의 인정을 받는 근거로 간주하고 신뢰하는 신념)로부터 보호한다.

아울러 하나님의 영광을 추구하는 거듭난 영혼의 열망과 성향은 신자의 영혼을 율법폐기론(하나님의 율법을 무시하거나 욕되게 해 은혜를 방종의 빌미로 삼으려는 입장)으로부터도 지켜 준다("율법폐기론 *antinomian*"은 "거스른다"는 의미의 접두어 "안티"와 "율법"을 뜻하는 "노모스"라는 두 개의 헬라어에서 유래했다).

오웬이 이 책의 두 번째 장에서 밝힌 대로 참된 신앙의 두 번째 증거는 하나님이 요구하시는 거룩함과 복종을 추구하는 것이다. 그 이유는 그것이 거룩하신 하나님을 영화롭게 할 뿐 아니라 그분이 우리를 창조하신 목적이기 때문이다. 우리는 본래 하나님의 형상으로 창조되었다. 또한 우리는 그분의 형상을 따라 새 사람으로 지으심을 받는다(엡 4:24). 따라서 거룩함은 "세상에서 올바름과 완전함을 추구할 수 있는 능력을 우리의 본성에 부여한다."

참 신자는 죄의 유혹과 육신의 연약함 때문에 종종 실패를 경험하지만 갈수록 거룩해지며, 그리스도의 영광스러운 형상으로 서서히 변화되어 나간다.

셋째, 오웬은 신자들에게 회개와 구원의 확신에 관한 실질적인 지침을 제시했다. 사실 그의 목표는 구원하는 믿음의 근거와 참 신앙의 가장 중요하고 명백한 증거를 제시하는 것이었다. 우리가 스스로를 시험하고, 다른 사람에게서 그런 증거를 식별해 내는 교과서적인 지침서를 제공하려는 의도는 전혀 없었다.

오웬은 네 가지 증거를 강조했는데, 이 책의 네 장은 그것들을 하나씩 다룬다. 위에서 언급한 대로 첫 번째 증거는 그리스도를 통해 죄인들을 구원하시는 하나님의 방법만이 그분을 가장 영화롭게 하고, 그분의 율법을 존귀하게 여기며, 우리의 영혼을 만족시킬 수 있다고 믿고, 기꺼이 받아들이는 것이다. 두 번째 증거도 이미 언급했다. 그것은 하나님이 요구하시는 거룩함과 복종을 추구하는 것이다.

오웬은 이 책에서 가장 길이가 짧은 세 번째 장에서 "사적으로나 공적으로 거룩한 예배를 드릴 때 모든 은혜를 활용하려고 항상 노력하는 것"을 세 번째 증거로 제시했다. 오웬은 "모든 은혜를 활용한다."는 말로 믿음과 소망과 사랑과 같은 복음적인 은혜가 내면에서 역사하는 것을 가리켰다. 조나단 에드워즈는 나중에 이를 "종교적인 감정"으로 일컬었다.[3]

성령의 역사로부터 비롯한 그리스도를 믿는 믿음을 통해 성부 하나님을 진정으로 바라는 것과 단순히 기도나 예배의 동작을 취하는 것은 그야말로 천양지차다. 오웬은 예배가 형식주의와 미신으로 치우치는 것을 크게 우려했다. 그는 복음적인 참된 예배에서 벗어나는 것을 방지하는 가장 효과적인 방책은 오직 은혜의 내적 사역뿐이라고 생각했다.

오웬이 제시한 방법은 간결하고도 실질적이다. 개인적으로 경건의 시간을 가질 때나 공적으로 예배를 드릴 때 냉랭하고 형식적인 마음을 극복하려고 노력하는 신자라면, 누구든 오웬이 제시한 방법을 꾸준히 적용함으로써 많은 유익을 얻을 수 있을 것이다.

한편 오웬은 이 책의 네 번째 장에서 의심하며 고민하는 그리스도인들에게 구체적인 조언을 제시했다. 그는 특별한 회개의 상태를 구원하는 믿음의 네 번째 증거로 간주했다. 그런 상태가 되면 신자의 영혼은 믿음을 활용해 마음을 영적으로 민감하게 만들 수 있다.

그러나 이 회개는 모든 신자가 복음을 받아들일 때 경험하는 회개가 아니며, 여섯 부류의 사람들에게 특별히 필요한 회개의 경험이라고 오웬은 밝혔다. 물론 그가 염두에 두었던 회개와 복음을 받아들이기 위한 회개는 서로 이질적이지 않다. 오웬은 여섯 부류의 사람들을 주의 깊게 묘사한 다음, 이 특별한 회개의 상태에 필요한 일곱 가지 요소 또는 조건을 구체적으로 밝혔다.

그는 훌륭한 목회자답게 경험에서 우러나온 조언을 제시했다. 신자는 세상을 멀리하고, 경건한 태도로 죄를 슬퍼하며, 육신을 죽이고, 홀로 조용히 마음을 살피며, 구원을 갈망하고, 신령한 생각을 해야 한다고 일깨워 주었다. 이런 방법들은 신앙이 퇴보했거나 의심에 사로잡힌 신자들은 물론, 그들을 도우려고 노력하는 목회사와 상담사들에게 큰 도움이 될 것이다.

마지막으로 오웬은 신자의 영적인 경험을 설명하고 분석했다. 이것은 앞서 말한 내용과도 관련이 있지만 특별히 따로 다룰 만한 가치를 지닌다. 영혼을 다루는 다른 의원들과는 달리 오웬은 하나님의 거룩한 말씀을 메스로 사용해 신자의 내면 깊숙한 곳에 숨은 생각과 성향과 감정을 정확하게 파헤쳤다.

특히 오웬은 신자들을 도와 그들의 복잡한 마음 상태를 이해하게 하는 능력이 탁월했다. 그는 거듭난 신자의 마음속에 언뜻 서로 모순되어 보이는 생각과 욕구들이 동시에 존재할 수 있다는 것을 옳게 간파했다.

예를 들어 그는 "그리스도 안에서 느끼는 영적인 기쁨과 죄에 대한 경건한 슬픔은 서로 모순되지 않는다."고 말했다. 그는 마음속에서 "확고한 기쁨"이 유지되려면 죄를 애통해하는 것이 필요하다고 역설했다. 그는 "경건한 슬픔 안에는 은밀한 기쁨과 위로가 존재한다. 영적으로 크게 만족하면 더할 나위 없는 기쁨을 느낄 수 있다."고 말했다.

또한 오웬은 참 신자는 "하나님의 사랑과 그분과의 평화를 새롭게 의식할" 뿐 아니라 "지극히 겸손한 태도"를 지닌다고 말했다. 참 신자는 죄로 인해 "곤혹스럽고, 불안한 마음"을 느낀다. 그러나 그런 불안은 "영적 평화와 위로를 없애지 않는다." 오웬은 이 책의 마지막 대목에서 "스스로를 가장 낮게 생각하고, 자기를 가장 크게 비하하는 사람들이 거룩한 영광을 가장 분명하게 볼 수 있다."고 말했다.

이 밖에도 오웬은 신자의 믿음이 어떻게 유혹과 죄의 어둠 속에서 스스로를 입증하는지 설명했다. 그는 구원하는 믿음의 두 번째 증거란 흔들림 없는 태도로 하나님이 요구하시는 거룩함과 복종을 추구하는 것이라고 설명한 후, 스스로가 "그런 거룩함에 미치지 못하는 것에 불만과 수치심을 느끼는 것"에서 또 다른 믿음의 증거를 찾을 수 있다고 덧붙였다.

이런 감정은 자칫 참된 신자를 의심의 고뇌 속으로 몰아넣을 수 있다. 그러나 오웬은 오히려 죄를 부끄러워하는 "거룩한 수치심"이야말로 참된 믿음의 증거라고 말했다. 심지어 "우리의 영혼 안에서, 우리의 영혼을 거슬러 싸우는" 죄로 인해 발생한 "불안한 갈등"과 "우리가 빠져들 수 있는 부패함에도 불구하고…… 우리의 내면에서 죄에 대한 거룩한 수치심과 경건한 슬픔이 느껴진다면 우리 안에 믿음이 존재한다는 확실한 증거"라고 말했다.

영적 경험에 대한 오웬의 통찰력을 가장 잘 보여 주는 사례가 이 책 첫 장에서 발견된다. 그는 그곳에서 "진리를 아는 지식으로 각성되어 영적 깨우침을 통해 스스로의 상태를 의식하게 된 영혼은 두 가지 욕구에 전적으로 지배된다."고 말했다.

그 욕구 가운데 하나는 "하나님을 영화롭게 하는 것"이고, 다른 하나는 "영원한 영혼의 구원을 받는 것"이다. "이 두 욕구는 각성된 영혼 안에서 따로 분리될 수 없다." 이것이 참 신자와 다른 사람들을 구별하는 특징이다.

거듭난 신자는 방탕한 사람이나 종교적인 위선자와는 달리 하나님을 영화롭게 하려는 욕구와 자신의 구원을 바라는 욕구를 따로 분리시킬 수 없다. 복음, 예수 그리스도를 통해 죄인들을 구원하시는 하나님의 방법은 "이 두 욕구를 완전하게 조화시킬 뿐 아니라 서로를 독려하고, 더욱 증대시키도록 이끈다." 오웬은 이렇게 말했다.

하나님의 영광을 바라는 욕구는 자신의 구원을 바라는 욕구를 증대시키고, 자신의 구원을 바라는 욕구는 하나님의 영광을 바라는 욕구를 자극하고 확대시킨다. 이 둘은 그리스도의 보혈 안에서 서로 완전하게 조화되고, 서로를 유익하게 한다. 이것이 하나님이 그 무한하신 지혜로 죄인들의 구원을 통해 스스로를 영화롭게 하려고 계획하신 방법이다.

이 책을 비롯해 오웬이 쓴 모든 글에는 이런 영적 통찰력이 담겨 있다. 그의 통찰력에 성령의 축복이 더해지면 많은 교훈을 얻는 것은 물론, 우리의 마음속에서 믿음, 회개, 애통함, 겸손, 기쁨, 평화와 같은 영적 은혜가 크게 신장될 것이다.

이 책의 편집에 대해

오웬의 글은 읽기가 매우 어렵다. 이것이 지난 세기에 이 책이 따로 출판되지 못했던 한 가지 이유일 것이다. 나는 이 책을 편집하면서 오웬이 논증한 내용과 구조를 보존하는 한편, 현대 독자들이 좀 더 읽기 쉽게 만드는 데 초점을 맞추었다.

그러기 위해서는 고어풍의 용어들을 좀 더 익숙한 용어로 바꾸고 문장 구조를 단순하게 정리하는 작업이 필요했다. 길고 복잡한 문장은 짧고 간단하게 나누었고, 수동태 동사는 능동태 동사로 바꾸었으며, 불필요하게 반복된 내용은 삭제했고, 성경을 참조한 내용은 확실하게 명시했으며(때로는 내용을 좀 더 보충하기도 했다), 문장 구조는 독자들이 좀 더 쉽게 이해할 수 있도록 고쳤다.

또한 나는 이 책의 전체적인 구조를 가다듬어 독자들이 파악하기 쉽게 만들었다. 오웬도 동시대의 다른 많은 사람들처럼 숫자를 표기해 요점과 항목과 세목을 세세하게 나누었는데, 그러다 보니 집중력이 매우 강한 독사소차도 요점들이 서로 어떻게 연관되어 있는지 파악하기 어렵다. 논증 자체의 순서를 다시 배열하지는 않았지만 논증의 실질적인 구조를 좀 더 명료하게 정리하려 했다.

나는 이 편집본이 오웬의 책에 실린 내용과 그 논리 전개의 특징을 그대로 보유하면서도 21세기의 독자들이 좀 더 쉽게 이해할 수 있는 형태를 취하게 되었다고 확신한다. 아무쪼록 이 책을 읽는 독자들이 내가 그랬던 것처럼 오웬을 통해 풍성한 영적 자양분을 얻게 되기를 간절히 기도한다.

_브라이언 헤지스(Brian G. Hedges)
미시간 주 나일스 소재 리디머 교회 목사

"너희는 믿음 안에 있는가 너희 자신을 시험하고

너희 자신을 확증하라

예수 그리스도께서 너희 안에 계신 줄을

너희가 스스로 알지 못하느냐

그렇지 않으면 너희는 버림 받은 자니라"

고린도후서 13장 5절

들어가는 글

하나님이 영광을 받으시고 신자들이 복음을 통해 유익을 얻으려면, 신자들이 영적 위로를 받는 것이 무엇보다 중요하다. 하나님은 약속의 상속자들이 큰 위로를 받기를 진정으로 원하시기 때문이다. 하나님은 신자들이 영적 위로를 받을 수 있는 방법과 수단을 모두 제공하셨다. 이 위로에 참여하는 것이야말로 신자들의 가장 근본적인 관심사이자 세상에서 가장 중요한 일일 것이다.

그러나 남아 있는 죄의 영향력과 여러 유혹들이 영적 위로를 효과적으로 받아 누리지 못하게 방해한다. 신자들은 영적 위로를 만끽할 권리가 있는데도 인식하지 못할 때가 많아, 신앙의 의무를 이행하거나 시련과 괴로움을 당할 때 영적 위로를 통해 주어지는 위안과 안식을 누리지 못한다.

구원하는 믿음, 곧 하나님이 선택하신 자의 신앙은 모든 참된 위로의 원천이다. 따라서 이 위로는 신자들의 삶 속에서 참된 신앙의 증거가 얼마나 많이 나타나느냐에 따라 그 정도가 달라진다. 그런 증거가 없으면 영적 위로가 유지되기 어렵다. 따라서 나는 신자들이 이 위로에 대한 의식을 회복하거나 확고하게 하도록 돕기 위해 "이 세상에서 신자에게 닥치는 온갖 유혹과 시련 속에서 그 참다움을 드러내는 믿음의 으뜸 되는 기능과 효력은 무엇인가?"라는 한 가지 질문을 제기하고 싶다.

나는 이 질문에 대답하면서 오로지 성경과 경험에 근거해 가장 엄격하게 살펴 얻은 증거만을 다룰 생각이다. 그 증거들은 다음과 같다.

하나, 구원하는 믿음은 오직 그리스도의 사역을 통해 죄인들을 구원하시는 하나님의 방법만을 선택하고, 수용하고, 인정한다.

둘, 구원하는 믿음은 성경에 계시된 대로 하나님이 요구하시는 거룩함과 복종을 습관적으로 추구한다.

셋, 구원하는 믿음은 거룩한 예배를 드릴 때 모든 은혜를 활용하려고 항상 노력한다.

넷, 구원하는 믿음은 영혼을 특별한 회개의 상태로 이끈다.

First Evidence

Choosing, Embracing, and Approving God's Way of Saving Sinners through the Work of Christ Alone

1

첫 번째 증거

구원하는 믿음은 오직 그리스도의 사역을 통해 죄인들을 구원하시는
하나님의 방법만을 선택하고, 수용하고, 인정한다

구원하는 믿음의 가장 근본적인 기능은, 다른 구원의 수단과 방법을 모두 배격하고, 오직 예수 그리스도의 중재를 통해 죄인들을 구원하시는 하나님의 방법만을 선택하고, 수용하고, 인정하며, 오로지 그분만을 의지하는 것이다. 지금부터 이 점을 설명하고 입증해 보이겠다.

구원하는 믿음은 "하나님께서 그 아들에 대하여 증언하신 증거"(요일 5:10)를 믿는다. 그 증거란 "하나님이 우리에게 영생을 주신 것과 이 생명이 그의 아들 안에 있는 그것"(11절)이다. 하나님은 믿는 자들에게 값없이 영생을 주기로 작정하셨다. 이는 그분이 친히 증언하신 위대하고 거룩한 진리다.

하나님은 그들을 위한 구원의 길을 제공하셨다. 하나님이 그렇게 준비하신 것을 "주신다"고 말씀한 이유는 그것을 확실히 주시기 때문이다. 이처럼 하나님은 창세 전에 그리스도 예수 안에서 선택하신 자들에게 은혜를 약속하셨고, 또한 그것을 허락하셨다(딤후 1:9, 딛 1:2). 이 은혜는 하나님의 아들 예수 그리스도의 중재를 통해 선택받은 자들에게 주어진다. 하나님은 오직 이 방법을 통해서만 원하는 사람에게 영생을 베푸신다.

따라서 은혜는 전적으로 그리스도 예수 안에 있다. 이 증언을 인정하는지의 여부, 곧 죄인들을 구원하는 이 방법을 받아들여 존중하느냐, 아니면 거부하느냐가 우리의 영원한 안전과 파멸을 결정한다.

사실 그렇게 되는 것이 마땅하다. 왜냐하면 하나님의 증언을 받아들이는 것은 곧 "하나님이 참되시다는 것을 인치는 것"(요 3:33)이기 때문이다. 이것은 하나님의 진리의 영광을 그분께 돌리는 것이요, 그분의 다른 모든 거룩한 속성을 인정하는 것이자, 우리가 세상에서 이행할 수 있는 가장 고귀한 의무다. 이 증언을 거부하는 것은 하나님을 거짓말쟁이로 만드는 것이다(요일 5:10). 그분의 존재를 부인하는 것이나 마찬가지다.

이 증언이 지극히 엄숙하게 선언되었다는 것은 매우 주목할 만하다. "하늘에서 증언하는 이가 셋이니 성부와 말씀과 성령이라 또한 이 셋은 합하여 하나이니라"(요일 5:7, KJV 참조-역자주). 신적 본질은 동일하되 역할은 제각기 다른 성삼위 하나님이 증언하신다. 세 위격은 각자 독특한 구원의 행위를 통해 그렇게 하신다. 복음은 그런 신적 행위를 선포한다.

여기에 성삼위 하나님의 주권적인 증언을 신자들에게 직접 적용하는 증언이 더해진다. 그것은 곧 모든 거룩한 의식과 은혜의 증언이다. "땅에서 증언하는 이가 셋이니 곧 성령과 물과 피라 이 셋은 합하여 하나이니라"(요일 5:8, KJV 참조-역자주). 이 셋은 성부와 성자와 성령의 경우와 달리 본질이 동일하지는 않지만 그 증언은 모두 동일하다. 이 셋은 신자들의 영혼 안에서 효과적으로 역사해 이 진리에 대한 확신을 갖게 함으로써 증언한다. 이 증언을 통해 삶과 죽음이 엄숙하면서도 영광스럽게 우리에게 제시된다.

이 증언을 받아들여 영생을 얻게 하는 것이 믿음의 기능이다. 오직 이것을 통해서만 하나님과 죄인들 사이에 화해가 이루어진다. 이것이 없으면 인간은 영원히 멸망한다.

따라서 복되신 구세주께서는 "영생은 곧 유일하신 참 하나님과 그가 보내신 자 예수 그리스도를 아는 것이니이다"(요 17:3)라고 말씀하셨다. 성부를 유일하신 참 하나님으로 알고, 그분이 예수 그리스도를 보내신 것을 죄인들을 구원하는 유일한 길이

자 수단으로 알고, 그 목적을 위해 예수 그리스도께서 성부의 보내심을 받으셨다는 것을 아는 것이 우리의 의무이자 은혜다. 그로써 우리는 영생을 소유할 수 있는 권리를 얻는다.

구원하는 믿음의 본질에 대한 부연

그러나 좀 더 신중을 기하기 위해 몇 가지 설명을 덧붙이려 한다.

첫째, 죄인들이 구원을 받는 방법은 종교를 구분 짓는 가장 근본적인 문제다.

종교의 차이는 구원에 대한 사람들의 다양한 인식 차이에서 비롯한다. 사람들이 종교와 관련해 가장 큰 관심을 기울이는 문제는 "어떻게 죄인들이 구원받는가? 구원을 받으려면 어떻게 해야 하는가? 무엇이 하나님의 인정을 받는 길인가?" 하는 것이다(행 2:37, 16:30, 미 6:6-8 참조).

양심이 일단 그런 질문을 제기하면 반드시 대답을 찾아야 한다. 하박국 선지자는 "내가 책망을 받을 때 어떻게 대답해야 할지 보리라"(합 2:1. KJV 참조-역자주)고 말했다. 인간은 세상에 있는 동안 이 질문에 대한 정확한 대답을 찾아야 한다. 그렇지 않으면 영원히 멸망한다. 인간이 이생에서 그 대답을 찾지 못한다면 사후에 하나님 앞에서 무어라고 대답할 수 있겠는가? 따라서 이 질문에 옳게 대답할 준비를 항상 갖추고 있지 않으면 그 누구도 복된 영생을 누릴 희망이 없다.

사람들이 찾는 대답은 두 가지 언약, 곧 행위 언약과 은혜 언약 가운데 어느 것을 염두에 두느냐에 따라 달라진다. 바울이 로마서 10장 5-9절에서 말한 대로 이 두 언약은 서로 상반되기 때문에 대답도 서로 상반될 수밖에 없다. 한 사람은 "율법을 행하는 사람은 그 행위로 인해 살 것이다. 이것이 우리가 구원받는 유일한 길이다."라고 말하고, 또 한 사람은 그런 대답을 완전히 거부하고 예수 그리스도만을 믿는다.

이 문제에 대한 사람들의 대답은 서로 큰 차이가 난다. 그들의 양심이 자신들이 믿는 언약과 일치하는 것만을 말하고 들으려 하기 때문이다. 이 문제는 오직 그리스도의 보혈을 통해서만 해결될 수 있다(롬 8:3). 양심의 가책을 느낀 죄인들 가운데는 행위 언약의 증언에만 귀를 기울이다가 영원히 멸망하는 사람들이 많은 듯하다. 그러나 "예수 그리스도께서 부활하심으로 말미암아…… 하나님을 향한 선한 양심의 간구"(벧전 3:21) 외에는 그 무엇도 우리를 구원할 수 없다.

둘째, 하나님이 죄인들을 구원하기 위해 마련하신 방법은 무한한 지혜에서 비롯했다.

이 방법은 그 목적을 이루는 데 있어 강력한 효력을 발휘한다. 따라서 받아들이거나 거부하거나 둘 중 한 가지를 선택해야 한다. 물론 이 방법을 단지 개념적으로 받아들이는 것만으로는 충분하지 않다. 이 방법을 온전히 의지하려면 거기에 깃든 하나님의 지혜와 능력을 인식해야 한다.

어떤 사람들은 하나님이 제시하신 구원의 길을 보고, 그것을 그분의 지혜와 능력으로 알아 기꺼이 받아들인다. 어떤 사람들은 그것을 어리석고 무력한 것으로 여겨 의지할 가치가 없다고 판단한다. 이 차이가 사람들의 운명을 영원히 갈라놓는다.

바울은 고린도전서 1장 18-24절에서 이 차이를 자세히 설명했다. 동일한 하나님의 진리가 동일한 방법과 수단을 통해 동일한 시간과 조건과 상황 속에서, 그 진리가 제시하는 것에 똑같이 관심을 보이는 모든 사람에게 주어진다. 그런데 각기 전혀 다른 태도로 받아들이니 참 신비로운 일이다. 어떤 사람들은 그것을 진리로 받아들여 인정하고, 생명과 구원의 길로 여겨 온전히 의지하지만, 어떤 사람들은 그것을 멸시하고 거부하며 무가치하게 여겨 의존하지 않는다. 전자에게는 그것이 하나님의 지혜와 능력이지만, 후자에게는 어리석고 무력한 것이다.

어느 쪽이든 이것이 아니면 저것이어야 한다. 중도는 없다. 유일한 길이 아니라면 참된 길일 수 없다. 최선의 길이 아니거나 혹은 다른 길이 존재한다면 안전한 길일 수 없다. 왜냐하면 이 구원의 길은 다른 어떤 길과도 양립할 수 없기 때문이다. 이 길은 하나님의 지혜이거나 순전한 어리석음이거나 둘 중에 하나다.

오직 하나님의 영원하고 주권적인 은혜만이, 복음을 들은 사람들의 운명을 결정한다. 오직 강력한 은혜의 힘만이, 사람들의 생각을 어둡게 만들어 하나님이 마련하신 구원의 길을 어리석고 무력한 것으로 여기게 하는 불신앙을 치유할 수 있다.

복음을 통해 하나님이 마련하신 구원의 길에 대해 들었다 해도 여전히 대다수 사람들 안에는 불신앙이 역사하고 있다. 그들은 그 길을 무한한 지혜에서 비롯한, 강력하고 효과적인 구원의 방법으로 간주하지 않는다.

어떤 사람들은 분별없이 정욕을 채우며 복음을 멸시한다. 그런 사람들에게는 "보라 멸시하는 사람들아 너희는 놀라고 멸망하라"는 선지자의 말이 고스란히 적용된다(행 13:41, 합 1:5). "빛이 어둠에 비치되 어둠이 깨닫지 못하더라"(요 1:5)는 말씀대로 사람들은 무지와 어둠의 권세에 사로잡힌 탓에 복음의 신비를 이해하지 못한다. 이 세상의 신인 사탄이 사람들의 눈을 가려 그들의 생각을 편견으로 채우고, 세상의 것을 사랑하는 마음을 갖게 만드는 까닭에 하나님의 형상이신 그리스도의 영광스러운 복음의 빛이 그들을 비추지 못한다. 어떤 사람들은 복음을 자기 자신의 행위와 의무, 곧 하나님이 제시하신 구원의 길과 영원히 조화를 이룰 수 없는 행위 언약에 속한 방법과 혼합시킨다(롬 10:3, 4).

이것이 불신앙이 사람들의 영혼을 영원한 파멸로 이끄는 이유다. 이들은 복음이 제시하는 하나님의 구원 계획을 인정하지 않고, 또 인정할 수도 없다. 이들은 그것을 무한한 지혜와 능력의 산물로 간주하지 않는다. 따라서 이들은 구원을 준다고 주장하는 다른 모든 길과 방법을 버리고 하나님의 길만을 선뜻 의지할 수가 없다. 이 점을 이해하면 구원하는 믿음의 본질과 기능을 옳게 파악할 수 있다.

셋째, 성경을 비롯해 모든 신성한 제도는 처음부터 죄인을 구원하시는 하나님의 방법이 교환, 대리, 속죄, 만족, 전가에 근거한다고 증언한다.

이것이 첫 번째 언약의 언어이다. 율법의 희생 제도는 모두 이를 토대로 한다. 성경은 죄인들이 구원받을 수 있는 길, 곧 하나님이 정하신 길이 있다고 가르친다.

율법은 죄와 관련이 있다. 그래서 하나님과 죄인들의 관계는 율법과 관련된 그들의 행위나 고난에 의해 결정된다고 생각하기 쉽다. 그러나 성경은 "그렇지 않다."고 대답한다. 성경은 "율법의 행위로 그의 앞에 의롭다 하심을 얻을 육체가 없나니"라고 말씀한다(롬 3:20, 시 143:2, 갈 2:16 참조).

죄인들은 자신이 어긴 율법의 형벌을 달게 받는다고 해도 스스로를 구원할 수 없다. 그들은 자신을 구원할 수 없고, 영원히 멸망할 뿐이다. 그 이유는 "여호와여 주께서 죄악을 지켜보실진대 주여 누가 서리이까"(시 130:3)라는 말씀에 있다. 따라서 그와는 본질이 다른 또 다른 구원의 길이 존재해야 한다. 그렇지 않다면 하나님의 생각을 나타낸 성경의 계시는 불충분한 오류에 지나지 않을 것이다. 물론 성경은 또 다른 길(중보자가 죄인들을 대신하는 것)이 존재한다고 가르친다. 중보자가 죄인들이 초래한 율법의 형벌을 대신 감당함으로써 그들이 얻을 수 없는 이를 이룬다. 좋든 싫든 이것이 하나님이 죄인들을 구원하시는 방식이다. 로마서 8장은 이렇게 설명한다.

"율법이 육신으로 말미암아 연약하여 할 수 없는 그것을 하나님은 하시나니 곧 죄로 말미암아 자기 아들을 죄 있는 육신의 모양으로 보내어 육신에 죄를 정하사 육신을 따르지 않고 그 영을 따라 행하는 우리에게 율법의 요구가 이루어지게 하려 하심이니라"(3-4절. 히 10:5-10 참조).

바울은 고린도후서에서 "하나님이 죄를 알지도 못하신 이를 우리를 대신하여 죄로 삼으신 것은 우리로 하여금 그 안에서 하나님의 의가 되게 하려 하심이라"(5:21)고 말했다.

불신앙이 오늘날 많은 사람에게 역사해 복음에 계시된 하나님의 영광을 거부하게 한다. 그러나 올바른 진리가 무엇인지 우리는 이미 다른 곳에서 충분히 논의한 바 있다.[1]

넷째, 하나님의 영광을 밝히 보고, 그분의 구원 계획을 옳게 깨달으려면 몇 가지가 선행되어야 한다.

구체적으로 말하면, 인류의 첫 조상의 타락으로 인해 우리가 하나님으로부터 소외된 것이 무엇을 의미하는지부터 생각해야 한다. 타락의 본질과 결과를 여기에서 낱낱이 논할 생각은 없다. 왜냐하면 그것을 온전히 이해하기는 고사하고, 말로써 적절하게 표현하기조차 쉽지 않기 때문이다. 내가 말할 수 있는 것은 다음의 내용뿐이다.

먼저 첫 조상의 타락과 배교, 죄가 하나님의 영광을 훼손한 것, 타락이 피조세계에 가져온 혼란의 공포와 전율을 옳게 의식하지 못하면, 자기 의를 버리고 중보자를 통한 구원을 받아들이는 것이 지극히 합리적이고 영광스러운 일인 이유를 결코 이해할 수 없다.

또한 우리가 하나님으로부터 무한히 소외되었고, 우리의 힘으로는 그분 앞에 나아갈 수 없다는 것도 옳게 의식해야 한다. 그리고 인간이 율법의 요구를 만족시키거나 율법에 계시된 하나님의 거룩하심과 의를 온전히 충족시킬 수 없다는 것도 마땅히 고려해야 한다. 인간의 본성과 마음과 생각에는 하나님의 뜻과 본성과 거룩하심에 순응할 수 있는 성향이 존재하지 않는다. 이런 사실을 우리의 생각과 양심으로 의식하지 못한다면, 새로운 구원의 길의 영광스러움을 옳게 믿거나 이해하기란 불가능하다.

인류는 이런 일들을 명확하게 이해하지는 못했지만, 죄인이 하나님의 진노에서 벗어나려면 어떤 식으로든 만족이나 속죄가 이루어져야 한다는 점을 알고 있었다. 그런데도 사람들은 정작 하나님의 구원의 길이 제시되면 그것을 거부한다. "육신의 생각은 하나님과 원수가 되기"(롬 8:7) 때문이다. 그러나 영혼이 예리한 양심의 가책을 지속적으로 느끼게 되면, 결국 죄인들을 구원하시는 하나님의 길이 지극히 아름답고 영광스럽다는 것을 옳게 깨닫기에 이른다.

다섯째, 복음은 그리스도의 인격과 중재와 보혈과 의와 중보를 통한 구원의 길을 선포한다.

복음은 누구든지 믿기만 하면 그에게 구원의 길을 나타내고, 선포하고, 제시한다. 이것은 첫 번째 약속 안에 포함된 진리이기 때문에 성경의 모든 진리가 거기에 의존한다. 이것이 없으면 하나님과 귀신이 서로 사귈 수 없듯이 하나님과 우리도 서로 사귈 수 없다.

복음은 이 길이 율법이나 그 행위(즉 첫 번째 언약이나 그 조건 또는 우리의 행위나 고난으로)로 말미암지 않는다고 선언한다. 이것은 무한한 지혜와 사랑과 은혜와 선 안에서 발견되고, 거기에서 비롯하는 새로운 길이다.

이 길은 하나님의 영원하신 아들의 성육신을 통해 주어졌다. 성자께서는 중보자의 직임을 맡아 중보자로서 행동하고, 고난을 받으심으로써 죄인들의 칭의와 구원에 필요한 모든 것을 이루어 자신의 영원한 영광에 이르게 하셨다(롬 3:24-27, 8:3-4, 고후 5:19-21 참조).

또한 복음은 그리스도의 대리 속죄(언약의 보증)에 근거한 구원의 복된 계획을 통해 유익을 얻을 방법은 오직 그리스도를 믿는 믿음뿐이라고 가르친다. 믿음에 의해 우리의 죄가 그리스도께 전가되고, 그분의 의가 우리에게 전가된다.

믿음의 진위를 시험할 때는 그 점을 살펴야 한다. 구원하는 믿음은 복음이 제시하고, 제공하고, 제의하는 구원을 인정하고 받아들여 그 안에 안식한다. 구원하는 믿음은 다른 모든 소망과 기대를 거부하고, 그리스도를 통해 주어진 구원의 길만을 의지한다.

하나님은 구원의 길을 단지 동의하거나 거부할 수 있는 진리의 개념으로 우리에게 제시하지 않으셨다. 만일 그랬다면 성경의 역사적 사실에 동의하기만 하면 누구나 참 신자로 간주될 것이다. 구원의 길은 실천적으로 받아들여야 한다. 다시 말해 생명과 구원을 얻기 위해 오직 그리스도만을 인격적으로 온전히 의지해야 한다.

따라서 이제부터는 구원하는 믿음이 어떻게 구원의 길을 인정하고, 또 신자들에게 위로를 주는지 논의할 생각이나.

구원하는 믿음은 하나님이 제시하신 구원의 길을 인정함으로써 그분께 가장 큰 영광을 돌린다

구원하는 믿음은 어떻게 하나님이 제시하신 구원의 길을 인정할까? 그 근거는 무엇이고, 또 그 목적은 무엇일까? 구원하는 믿음은 하나님이 제시하신 구원의 길이 하나님이 계획하여 허락하기에 합당한 것으로 인정한다. 히브리서 2장 10절은 이에 대해 "그러므로 만물이 그를 위하고 또한 그로 말미암은 이가 많은 아들들을 이끌어 영광에 들어가게 하시는 일에 그들의 구원의 창시자를 고난을 통하여 온전하게 하심이 합당하도다"라고 말했다.

하나님의 무한한 지혜와 선과 은혜와 거룩하심과 의로우심에 일치하는 것만이 그분께 합당하다. 구원하는 믿음은 이를 분별해 구원의 길을 인정한다. 구원의 길은 모든 점에서 하나님께 합당하다. 그 길은 하나님의 거룩하신 본성의 모든 측면과 잘 어울린다. 이것이 바울이 "예수 그리스도의 얼굴에 있는 하나님의 영광을 아는 빛"(고후 4:6)이라고 말한 이유다.

오직 믿음만이 구원의 길에 나타난 하나님의 영광을 발견할 수 있고, 그것을 받아들일 수 있다. 인간의 영혼을 망치는 불신앙은 구원의 길에 나타난 하나님의 영광을 알지도, 받아들이지도 못한다.

사람들이 복음에 제시된 구원의 길을 받아들이지 않는 이유는 그 안에 하나님의 영광이 얼마나 가득한지를 알지 못하고, 이해하지 못하기 때문이다. 그들은 그 길이 하나님과 잘 어울리고, 그분께 합당할 뿐 아니라 그분의 모든 완전한 속성을 온전히 반영한다는 사실을 이해하지 못한다. 그들은 어둠에 휩싸여 있다. 때문에 하나님의 형상인 그리스도의 영광스러운 복음의 빛이 그들의 생각을 비추지 못한다(고후 4:4). 따라서 그들에게는 하나님의 구원의 길이 마치 어리석고, 무력한 것처럼 보일 수밖에 없다.

믿음의 본질과 생명은 복음이 제시하는 구원의 길, 곧 예수 그리스도를 통한 구원이 하나님과 그분의 신성한 속성에 온전히 부합된다는 것을 알고, 이해하고, 인정하는 것에 있다. 이런 점에서 믿음은 하나님을 크게 영화롭게 한다. 이것이 믿음의 독특한 사역이고, 뛰어난 특징이다(롬 4:20). 우리는 이 믿음을 통해 안식과 위로를 얻는다.

특히 믿음은 구원의 길에 나타난 하나님의 무한한 지혜를 즐거워한다. 창조 사역을 이루신 하나님의 능력을 통해 나타난 그분의 지혜를 깨달으면, 자연스레 하나님을 예배함으로써 그분을 하나님으로 인정하고, 그분께 영광을 돌리게 된다. 그와 마찬가지로 새로운 창조, 곧 예수 그리스도를 통해 죄인들을 구원하는 방법 가운데 나타난 하나님의 무한한 지혜를 깨달으면, 자연스레 영적이고 복음적인 예배를 드림으로써 하나님께 영광을 돌리게 된다.

하나님의 계획은 구원을 통해 특별한 방법으로 지혜를 나타내 그 영광을 밝히 드러내는 것이다. 십자가에 못 박히신 그리스도께서는 "하나님의 능력이요 하나님의 지혜"(고전 1:24)이시다. 그리스도 안에 "지혜와 지식의 모든 보화가 감추어져 있다"(골 2:3). 신적 지혜의 모든 보화가 그리스도 안에 있다. 이 보화는 복음 안에서, 복음에 의해 믿음을 가진 자에게 나타난다. 하나님은 그렇게 자신의 "각종 지혜"를 나타내려고 계획하셨다(엡 3:9-10).

따라서 믿음은 구원의 길을 마련하신 하나님의 지혜를 이해하고 찬미한다. 만일 하나님의 지혜를 깨닫지 못하고, 우리의 생각이 그것을 전혀 의식하지 못한다면 그것은 곧 믿음이 없다는 증거다.

여기에서 구원의 길과 관련된 신적 지혜의 특별한 사례들을 일일이 다룰 수는 없다. 나는 이 문제를 다른 곳에서 다루려고 시도했다.[2] 여기에서 나는 단지 구원의 토대, 곧 성자의 성육신을 통해 신적 지혜의 영광이 밝히 드러남으로써 피조세계 전체가 영원히 그것을 찬미하지 않을 수 없게 되었다는 점만을 말하고 싶다.

성육신 자체가 이 구원의 길과 사역이 하나님에게서 비롯했다는 것을 분명하게 보여 준다. 성육신을 통해 예수 그리스도의 얼굴에서 하나님의 영광이 찬란하게 빛난다. 이것은 하나님에게서 비롯한 것이고, 그분과 잘 어울리는 일이다. 하나님의 지혜 외에는 그 무엇도 이런 일을 할 수 없다. 이 토대와 그 위에 건설되는 모든 것을 통해 나타난 하나님의 지혜를 옳게 깨닫고 이해해야만 믿음이 안전하게 지속될 수 있다.

구원은 또한 하나님의 본성에 속한 다른 속성들(선하심, 사랑, 은혜, 긍휼)을 풍성하고 영광스럽게 드러낸다. "하나님은 사랑이시다"(요일 4:8). 사랑이신 하나님 외에 다른 하나님은 존재하지 않는다. 하나님은 은혜와 긍휼을 스스로를 일컫는 칭호처럼 사용하셨다.

하나님의 목적은 성경이 선언하는 대로 그리스도 안에서 죄인들을 구원하는 사역과 방식을 통해 그런 모든 속성을 최대한 밝히 드러내는 것이었다. 성경은 믿음의 눈앞에 하나님의 속성들을 여실히 드러낸다. 믿음은 무한한 선과 사랑과 은혜가 하나님과 잘 어울리며, 그분 외에는 다른 무엇에도 이 속성들이 존재할 수 없음을 깨닫는다. 믿음은 그 안에서 안식하며 즐거워한다(벧전 1:8 참조). 믿음은 구원의 길이 하나님의 완전한 속성들을 드러낸다는 것을 인정하고 굳게 믿도록 한다.

불신앙이 지배하는 곳에서는 인간의 생각이 하나님의 영광을 전혀 의식할 수 없다. 그러나 이 또한 구원의 길을 통해 나타난 하나님의 성품과 잘 어울린다. 바울은 고린도후서 4장 4절에서 이 점을 설명했다.

하나님의 영광을 의식하지 못하는 사람들은 아무리 애쓰더라도 복음을 기쁘게 받아들일 수 없다. 왜냐하면 그렇게 해야 할 이유를 알지 못하기 때문이다. 그들은 구원의 길의 중심이요 생명이신 그리스도의 사랑스러우심을 인지할 수가 없다. 그들은 그리스도에게 "흠모할 만한 아름다운 것이 없다"(사 53:2)고 생각한다.

이것이 복음이 처음 전파되었을 때 유대인에게는 거리끼는 것이요 헬라인에게는 미련한 것으로 비추어진 이유다. 그들은 참신앙이 없는 탓에 복음이 "하나님의 지혜요 능력"이라는 사실을 이해할 수 없었다. 이처럼 구원의 길은 귀한 것으로 여겨져 받아들여지든지 어리석은 것으로 여겨져 거부되든지 둘 중 하나일 수밖에 없다.

많은 사람이 복음의 진리를 거부하고, 그리스도의 신성이나 초자연적인 신비를 믿지 않는 이유도 모두 믿음이 없기 때문이다. 그들은 구원이 하나님을 영화롭게 하는 가치를 지닌다는 사실을 이해하지 못한다. 불신자들은 그럴 능력이 없다. 복음의 교리를 노골적으로 거부하지는 않더라도 그것을 적절히 활용하지 못하는 사람들도 그럴 능력이 없기는 마찬가지다. 복음의 진리를 고백하는 비교적 소수의 사람들만이 구원에 이르는 복음의 능력을 경험할 수 있다.

참 신앙은 결코 무너지지 않는다. 믿음으로 예수 그리스도를 통해 죄인들을 구원하시는 하나님의 방식을 선택하고, 수용하고, 인정하며, 하나님이 그 길을 통해 자신의 영광을 밝히 드러내시고, 그것이 그분의 성품에 어울린다는 점을 의식하는 한, 영혼은 온갖 시련 속에서도 충분한 도움을 얻을 수 있다.

영혼이 그런 일을 할 수 있다면, 죄와 가장 비참한 갈등을 빚는 상황과 온갖 유혹 속에서도 믿음의 진정성과 진실성이 유지되고 있다는 증거다. 그렇다. 그런 믿음은 내면에서 일어나는 죄의 권세와 당혹스런 공격을 능히 물리칠 수 있다. 그런 신앙은 결코 패배해 물러나는 법이 없다. 그 이유는 그것이 구원하는 믿음이기 때문이다.

구원하는 믿음은 실패하지 않는다. 이 믿음은 하나님의 지혜와 권능과 은혜와 사랑과 선하심의 영광을 밝히 드러냄으로써 신자의 영혼에게 구원의 탁월함을 은혜롭게 일깨운다. 이 믿음은 이 구원(하나님께 나아가는 유일한 길이자 최선의 길)으로 영혼을 만족하게 하며, 다른 모든 구원의 길과 수단을 거부한다. 이 믿음은 그 진실성을 계속해서 입증해 나간다.

이 믿음을 소유한 영혼은 세상을 떠나는 순간에 영광에 들어갈 것을 확신한다. 많은 죄에 시달리는 가엾은 영혼이 육신을 떠날 때(아마도 큰 고통과 고뇌와 고민, 심지어는 격렬한 몸짓이 동반될 것이다.) 즉시 하나님의 보좌를 받들어 모시는 거룩한 천사들과 함께 그분의 영광스런 임재 속으로 영접되어 영원한 안식과 축복을 누리게 됨을 온전히 이해한다는 것은 진정 놀라운 일이 아닐 수 없다.

너무나도 위대하고 황송하기 그지없는 이 거룩한 사역이 그것을 계획하신 하나님의 무한히 위대한 지혜와 은혜, 그리스도의 중보 사역의 영광스러운 효력, 성령의 거룩하게 하시는 사역과 가장 잘 어울리는 것임을 깨닫고 인정하는 것도 믿음이 하는 일이다. 믿음은 영광 속으로 들어가는 데 합당한 자격을 자기 안에서 찾지 않고, 오직 이 거룩한 사역만을 인정한다.

이 영광이 스스로의 성품이나 세상에서의 행위와 관련이 있다고 생각하는 사람은 그것이 무엇인지도 알 수 없고, 또 올바른 태도로 그것을 추구할 수도 없다.

유혹과 절망에 시달리는 사람들은 이런 사실에 비추어 스스로의 믿음을 시험해야 한다. 사실, 정도는 제각각 다를지라도 우리 모두가 해야 할 일이다. 또한 우리는 지금까지 다룬 내용이 구원하는 믿음의 본질과 작용을 옳게 묘사한 것인지 성경에 비추어 엄밀하게 살펴야 한다. 지금까지 말한 내용은 이렇다.

하나, 예수 그리스도를 통한 구원은 하나님의 지혜와 권능과 선하심과 사랑과 은혜에서 비롯한 결과다.

둘, 복음의 목적은 이 사실을 나타내고, 선포하고, 증언해 그 안에 있는 하나님의 영광을 드러내는 것이다.

셋, 구원하는 믿음은 이런 일에 관한 하나님의 말씀을 받아들임으로써 그분을 영화롭게 하는 영혼의 행위이자 의무요 기능을 의미한다.

넷, 구원받은 영혼은 다른 구원의 길들이 하나님의 구원의 길과 상반되든 아니면 그것을 보충하든 상관없이, 다른 무엇을 통해 하나님의 인정을 받아 생명과 구원을 얻기를 바라지 않고, 그분의 길과 다른 모든 길을 거부한다.

이 네 가지 원리를 말씀에 비추어 엄밀하게 살피라. 만일 이 원리들이 신성하고, 복음적이고, 근본적인 진리처럼 생각되거든 거기에서 조금도 벗어나지 말라. 어떤 유혹이 닥치더라도 그것들을 굳게 붙잡으라. 또한 이 원리들로 스스로의 믿음을 시험하라.

복음이 제시하는 구원의 길, 곧 예수 그리스도를 통해 죄인들을 구원하시는 하나님의 길에 관해 어떻게 생각하는가? 그것이 하나님께 합당하고, 그분의 영광스런 속성들에 부합한다고 알고 만족하는가? 그와 다른 구원의 길을 의지하고 싶지는 않은가? 영혼의 영원한 운명을 하나님의 은혜와 충실하심에 기꺼이 의탁하고, 다른 구원의 길을 아니 바라겠는가?

그리스도의 얼굴에 나타난 하나님의 영광의 빛을 조금이라도 비추고 있는가? 복음이 제시하는 구원의 길에서 느끼는 만족을 통해 마음속에서 은밀한 기쁨이 솟아나고 있는가? 죽음의 그늘이 드리우고, 두려움과 유혹이 느껴질 때에도 다른 모든 방법과 위로를 거부하고, 오직 이 길만을 온전히 의지하며, 거기에 드러난 하나님에 관한 진리를 기꺼이 인정하겠는가?

이것이 믿음의 기능이다. 믿음은 온갖 시련 속에서 우리의 영혼을 안전하게 지켜주는 닻이다.

이것이 구원하는 믿음이 그리스도를 통한 하나님의 구원의 길을 수용하고, 채택하고, 인정하는 첫 번째 이유다. 구원하는 믿음이 그렇게 하는 이유는 이 길이 그 안에 나타난 하나님의 거룩한 속성들과 온전히 일치하기 때문이다. 이런 이유를 근거로 믿음이 이 구원의 길을 인정한다면, 곧 신자에게 위로와 도움을 가져다주는 복음적인 참 신앙을 지녔다는 증거다.

구원하는 믿음은 하나님이 제시하신 구원의 길을 인정함으로써 우리의 영혼을 가장 크게 만족시킨다

믿음이 구원의 길을 인정하는 이유는 그것이 각성된 영혼[3]의 의도와 욕구에 적합하다는 것을 알기 때문이다. 예수 그리스도께서는 하나님 나라(구원의 길)를 보화와 값진 진주에 빗대시면서 그것을 발견한 사람들이 크게 기뻐하며 만족했다고 말씀하셨다. 그들이 거기서 자신의 욕구를 채워 주고 생각을 안심케 하는 무엇을 발견했기 때문이다.

진리를 아는 지식으로 각성되어 영적 깨우침을 통해 스스로의 상태를 의식하게 된 영혼은 두 가지 욕구에 전적으로 지배된다. 첫째는 하나님을 영화롭게 하는 것이고, 둘째는 영혼이 영원히 구원받는 것이다.

각성된 영혼 안에서 두 욕구는 서로 밀접하게 연결된다. 두 욕구는 가장 큰 만족을 얻기까지 결코 잦아들지 않는다. 온 세상이 다 나서더라도 이 욕구 가운데 어느 하나도 각성된 영혼으로부터 빼앗을 수 없다.

방탕한 죄인들은 하나님을 영화롭게 하는 첫 번째 욕구에는 아무런 관심이 없다. 하나님의 율법을 통해 양심의 가책을 느끼는 사람이라 해도 아직 영적인 빛을 받지 못했다면 조금도 다르지 않다. 그들은 구원받기를 원하지만 하나님의 영광에는 전혀 관심이 없다. 그들이 구원을 통해 얻고자 하는 것은 외적인 불행으로부터의 자유뿐이다. 그들은 하나님이 영화롭게 되시든 말든 오직 그것만을 바란다. 그들에게는 참된 구원을 바라는 마음이 없다.

그러나 영적인 빛과 은혜의 광채가 비추기 시작하면, 그들의 영혼과 생각 속에 끊임없이 하나님의 영광을 추구하려는 열망이 생겨난다. 영혼은 이것이 없이는 자신의 구원을 어떻게 추구해야 할지 알 수 없다. 오직 각성된 영혼만이 하나님을 영화롭게 하는 구원을 추구할 수 있다. 왜냐하면 하나님이 영화롭게 되지 않으시면 영혼의 상태가 어떻든 간에 그것은 구원이 아니기 때문이다.

하나님을 영화롭게 하는 것이 구원의 필수불가결한 요소다. 구원은 하나님의 영광을 보고 즐거워하는 것이다. 따라서 각성된 사람의 생각과 영혼 안에는 그런 욕구가 확고하게 자리 잡고 있다. 각성된 사람은 그런 욕구에 부합하지 않는 구원의 길을 조금도 고려하지 않는다.

아울러 각성된 사람은 모두 자신의 구원을 간절히 바라는 욕구를 느낀다. 영원을 위해 창조된 피조물인 그가 그런 욕구를 느끼는 것은 자연스럽다. 죄를 깨달은 죄인은 그런 욕구를 느낄 수밖에 없다. 구원의 본질을 더욱 분명하게 이해할수록 구원을 바라는 욕구도 더욱 강렬해진다.

그렇다면 동일한 생각 속에서 두 가지 지배적인 욕구가 어떻게 조화를 이루고, 만족되는지 궁금하지 않을 수 없다. 우리는 죄인이기 때문에 그 둘이 서로 모순되는 것처럼 보인다. 하나님의 영광, 곧 그분의 정의와 거룩하심은 죄인들이 영원히 멸망할 것을 요구한다. 이것이 율법의 판결이다. 우리의 양심이나 우리가 느끼는 두려움도 그래야 마땅하다고 소리를 지른다. 따라서 죄인이 하나님이 영화롭게 되기를 바란다면 그것은 곧 그 자신이 심판을 받기를 바라는 것과 같다.

과연 죄인은 이 두 가지 욕구 가운데 어느 쪽을 선택해야 할까? 자신의 구원에 대한 모든 소망과 바람을 버리고, 영원히 멸망하는 것으로 만족해야 할까? 물론 그렇게 할 수는 없다. 하나님도 그렇게 하라고 요구하지 않으신다. 오히려 그분은 죄인들에게 살라고 명령하셨다.

그렇다면 죄인은 어떤 식으로든 자기가 구원받기 위해 하나님이 영광을 거두고 떠나시기를 바라야 할까? 하나님의 영광에 합당하게 되기를 무시해야 하는 것일까? 각성된 영혼은 그렇게 할 수 없다. 이는 그가 자신의 구원을 바라는 욕구를 버릴 수 없는 이치와 같다. 그러나 죄인 스스로는 이 두 가지를 조화시킬 수 있는 방법을 찾을 수 없다.

따라서 모든 신자가 믿음으로 구원의 영광을 의식하는 것이 필요하다. 구원의 영광은 두 욕구를 완전하게 조화시킬 뿐 아니라 서로를 독려하고, 더욱 증대시키도록 이끈다. 하나님의 영광을 바라는 욕구는 자신의 구원을 바라는 욕구를 증대시키고, 자신의 구원을 바라는 욕구는 하나님의 영광을 바라는 욕구를 자극하고 확대시킨다. 이 둘은 그리스도의 보혈 안에서 서로 완전하게 조화되고, 서로를 유익하게 한다(롬 3:24-26).

이것이 하나님이 그 무한하신 지혜로 죄인들의 구원을 통해 스스로를 영화롭게 하려고 계획하신 방법이다. 하나님의 영광과 관련된 모든 것이 죄인들의 구원과 조화와 일치를 이룬다. 하나님의 본성에 속한 모든 속성이 그로 인해 영광스럽게 드높임을 받는다.

하나님의 영광과 죄인의 구원이 서로 조화를 이룰 수 없다는 율법의 모든 반론에 대한 대답이 이 안에 들어 있다. 율법은 저주와 경고와 상벌을 통해 하나님의 진리를 강조한다. 율법은 하나님의 의로우심, 거룩하심, 엄격하심을 부각시킨다. 모두 죄인들의 멸망만을 요구한다. 그러나 하나님이 계획하신 방법은 율법의 이런 요구에 온전하고 만족스러운 대답을 준다. 하나님이 친히 이 모든 것을 만족시키고, 구원의 길을 통해 자신의 영광을 드높이는 방법을 제시하셨다. 이 점을 간단히 살펴보면 다음과 같다.

참 신앙은 온갖 고뇌 속에서도 이 진리를 굳게 붙잡는다. 참 신앙을 소유한 영혼은 "나의 상태와 조건이 어떻든지, 나의 두려움과 당혹감이 어떻든지, 내가 어떤 난관에 부딪쳤든지 간에 나는 복음의 거울을 통해 예수 그리스도 안에서 하나님의 영광과 나의 구원이 모순되지 않는다는 사실을 발견한다. 그 덕분에 나로서는 도저히 극복할 수 없는 어려움, 곧 나의 생명과 위로를 위협하는 율법의 도전이 극복되었다."라고 말한다.

믿음은 이 구원의 길이 두 가지 지배적인 욕구를 조화시킨다고 인정한다. 따라서 둘 중에 어느 하나를 버릴 필요가 없다. 다시 말해 우리는 하나님을 영화롭게 하기 위해 정죄를 당할 필요가 없다. 또 구원을 받기 위해 하나님의 영광을 무시할 필요도 없다. 믿음이 항상 그리스도를 통한 구원의 길을 인정하고 이런 신념을 영혼 안에 확고히 간직하는가? 그렇다면 온갖 시련과 고뇌 속에서도 영혼을 안전하게 지켜주는 참 신앙을 가졌다는 증거다.

구원하는 믿음의 유익

구원하는 믿음이 영혼에 주는 유익은 크게 네 가지다.

첫째, 구원하는 믿음은 어떤 시련이 닥쳐도 영혼이 절망하지 않도록 지켜 준다.

절망이란 하나님의 영광과 인간의 구원이 서로 조화를 이룰 수 없다는 불안감에 지배되는 것이다. 만일 그런 불안감을 느끼는 사람이 구원을 받는다면 하나님은 의롭거나 참되거나 거룩하거나 공의로울 수 없으시다. 그런 사람은 구원과 하나님의 영광이 조화될 수 없기 때문에 자신이 구원받는 것은 불가능하다고 결론짓는다. 바로 이것이 그가 구원받을 수 없는 이유다. 이런 생각은 하나님을 혐오하게 하고, 하나님이 그런 성품을 지니셨다는 이유로 그분에 대해 앙심을 품게 한다. 그로써 모든 화해의 노력을 중단하고, 화해의 수단은 무엇이든 모두 연약하고 미련하고 불충분한 것으로 여겨 하나님을 미워하게 되는 결과가 빚어진다.

그런 생각을 지닌 사람은 그리스도와 그분의 십자가를 불충분한 것으로 간주하는 탓에 불안감에 사로잡힌다. 그는 그리스도와 그분의 십자가가 하나님의 영광과 자신의 구원을 조화시킬 수 없다고 생각한다. 그런 경우, 영혼은 지옥의 열린 문에 이미 발을 들여놓은 상태나 다름없다.

그러나 믿음은 하나님의 영광과 영혼의 구원이 서로 조화와 일치를 이룬다는 사실을 마음과 생각 속에 일깨워 그런 심령 상태와 궁극적인 파멸로부터 영혼을 지킨다. 그런 깨우침이 영혼을 지배하면, 비록 그것에 특별한 관심을 기울여 편안한 확신에 도달하지는 못하더라도 이 구원의 길을 사랑하고 존중하고 귀하게 여겨 그것을 굳게 붙잡을 뿐 아니라, 그 안에 나타난 하나님의 지혜와 은혜를 찬미하기에 이른다. 이것이 구원하는 믿음의 증거요 기능이다(시 130:3-4).

둘째, 구원하는 믿음은 가혹한 절망감으로부터 영혼을 보호한다.

유혹과 어둠과 공포 속에서 완전히 낙담해 파멸하지는 않았더라도 심한 두려움과 여러 가지 실의에 빠져 회복할 기운조차 차리지 못하는 사람들이 많다. 그들은 은혜의 힘을 발휘하지 못하는 탓에 날이 갈수록 더 약해지고, 암울해져 죄 가운데서 쇠약해져 간다.

그러나 믿음은 하나님의 영광과 개인의 구원이 온전히 조화를 이룰 뿐 아니라 서로 나뉠 수 없다는 것을 알기에 영혼이 항상 하나님의 구원의 길을 바라볼 수 있도록 이끈다. 믿음은 은혜의 힘을 발휘하도록 독려해 모든 의무를 부지런히 이행하도록 돕는다. 영혼은 그것을 통해 구원에 대한 관심을 새롭게 일깨운다.

셋째, 구원하는 믿음은 하나님을 사모하게 한다.

그런 마음으로부터 사랑과 은혜로운 소망이 생겨난다. 그런 마음은 죄의식이나 자괴감에 짓눌리지 않는다. 하나님의 영광과 개인의 구원이 서로 일치한다는 것을 알면, 하나님을 사모할 수 있고 그분에 대해 은혜로운 생각을 할 수 있다. 그 결과 영혼 안에서 사랑과 소망이 솟구쳐 오르게 된다(미 7:18-20, 시 85:8, 딤전 1:15).

넷째, 위에서 이미 이유를 밝힌 대로 하나님의 구원의 길을 끝까지 굳세게 견지하면 마음속에서 믿음의 역사가 일어나고, 믿음의 본질이 밝히 드러나기 시작한다.

믿음은 우리가 누리는 구원의 은혜의 원천이다. 믿음을 가지면 그리스도 안에 나타난 하나님의 지혜와 사랑과 은혜의 복음을 통해 드러난 것과 그리스도를 통한 구원의 길에 대한 영적 통찰력이 생긴다. 그래서 영혼은 그것들이 용서와 의와 구원을 주기에 충분하다는 것을 깨닫고, 용서와 의와 구원을 얻기 위해 복음을 온전히 믿고 의지하기에 이른다.

구원하는 믿음이 요구하는 세 가지
구원하는 믿음은 다음 세 가지를 요구한다.

첫째, 복음이 선포하는 그리스도 안에 나타난 하나님의 지혜와 사랑과 은혜와 긍휼의 계시를 영적으로 깨달아야 한다.

구원하는 믿음은 단순히 계시된 진리나 권위에 동의하는 것 이상을 요구한다. 동의하는 것은 이미 구원하는 믿음 안에 내포되어 있고 전제되어 있다. 믿음은 계시되고 선포된 것을 영적으로 분별하고, 지각하고, 이해하는 것을 요구한다. 그런 인식 없이 단지 계시된 진리에 동의하는 것만으로는 아무런 유익이 없다. 이 영적 인식은 "예수 그리스도의 얼굴에 있는 하나님의 영광을 아는 빛"(고후 4:6)으로 불린다. 바울은 신자들 안에 이 빛이 더욱 풍성해지기를 간절히 기도했다(엡 1:15-20).

영적인 일은 영적인 방식으로 분별해야 한다. 그래야만 "확실한 이해의 모든 풍성함과 하나님의 비밀인 그리스도를 깨닫는"(골 2:2) 결과가 나타난다. 다시 말해 이 신비 안에 있는 것들의 능력과 영광과 아름다움을 영적으로 지각할 수 있다. 이것이 곧 "그리스도와 그 부활의 권능과 그 고난에 참여함을 아는"(빌 3:10) 것이다.

믿음은 구원 안에 계시된 것들의 위대함과 영광과 능력과 아름다움을 의식하고, 맛보고, 경험하고, 인정하게 한다. 앞서 말한 대로 영혼은 말로 형언하기 어려운 그러한 인식과 경험을 통해 구원의 모든 측면이 하나님의 지혜와 선하심과 사랑에 온전히 부합한다는 것을 이해한다. 이런 이해를 가능하게 하는 영적인 빛이 구원하는 믿음의 본질이다.

이 신앙이 우리에게 없으면 입으로는 진리에 동의할 수 있어도 하나님을 진정으로 영화롭게 할 수는 없다. 믿음이란, 하나님이 우리의 구원과 구속을 통해 영광을 받으시고자 거기에 합당하고 적합한 수단으로 마련하신 은혜다.

둘째, 죄인들을 구원하는 이 방법 안에 나타난 하나님과 그분의 영광을 영적으로 지각한 믿음은 그 안에 있는 모든 것이 구원과 칭의에 매우 적합하다는 사실을 깨닫는다.

그런데 방법만 적합한 것이 아니다. 하나님의 능력이 그 안에서 모든 효력을 발생시킨다. 복된 칭의의 모든 과정이 믿음의 기능과 사역에 달려 있다. 온갖 종류의 음식을 눈앞에 두고도 식욕을 느끼지 못하거나 소화를 시킬 수 없다면 아무런 소용이 없다. 마찬가지로 복음의 탁월함을 보면서도 그것이 자신의 상황에 적합하다는 것을 깨닫지 못한다면 영적으로 아무런 유익을 얻을 수 없다. 이것이 믿음의 가장 어려운 과제이자 기능이다.

믿음은 그리스도를 통한 죄인의 칭의와 구원에 대한 확신을 주는 것에서 그치지 않는다. 믿음은 그런 확신을 갖게 할 뿐 아니라 거기에서 한 걸음 더 나아간다. 즉 복음에 제시된 구원의 길이 믿음을 가진 특정한 개인을 구원하기에 적합하고 충족하다고 확신하게 한다. 믿음은 이것이 일반적인 차원에서 모든 죄인을 구원하는 복된 길일 뿐 아니라 특정한 개인을 구원하는 길임을 전적으로 이해한다.

이런 이유로 바울은 "미쁘다 모든 사람이 받을 만한 이 말이여 그리스도 예수께서 죄인을 구원하시려고 세상에 임하셨다 하였도다 죄인 중에 내가 괴수니라"(딤전 1:15)고 말했다. 그의 믿음은 그리스도 예수께서 죄인을 구원하려고 세상에 오셨다는 것, 곧 그것이 일반적인 차원에서 죄인을 구원하는 하나님의 거룩하고 복된 길이라는 것을 믿는 데 그치지 않고, 그것을 자기 자신에게 적용해 "이것은 죄인 중에 괴수인 나를 구원하기에 적합하고 충족한 하나님의 길"이라고 말했다.

앞서 말한 대로 이것은 믿음의 가장 어렵고, 위대한 사역이다. 사람이 믿는 데는 몇 가지가 필요하기 때문이다. 하나, 타락한 인간의 본성, 하나님으로부터의 소외, 하나님의 형상의 상실, 죄로 인한 불행한 결과를 기꺼이 인정해야 한다. 둘, 하나님의 엄하심과 거룩하심, 율법의 형벌과 저주, 죄의 본질과 해악을 옳게 이해해야 한다. 셋, 죄의 심각성과 다양성, 죄에 노출되는 상황의 다양성을 잊지 않고, 스스로 저지른 죄를 온전히 인정해야 한다. 넷, 죄를 지으려는 내면의 성향에서 비롯한 은밀한 죄나 알려지지 않은 죄까지도 온전히 의식해야 한다. 마지막으로 하나님의 심판대 앞에 섰을 때 영원한 운명을 결정하는 판결이 어떻게 내려질지 진지하게 생각해야 한다.

누구나 이런 일들을 하려고 하면 세상에서 가장 어려운 일이라는 생각이 들 것이다. 자신에게 제시된 구원의 길이 자기를 구원하기에 적합하고 충족하다는 것을 믿는 일은 매우 어려운 일이 아닐 수 없다. 단 한 가지 이의도 제기하지 않고 이런 진리를 온전히 받아들이는 것은 참으로 어렵다. 그러나 하나님께 선택받은 자들의 믿음은 하나님의 계획 속에 자신의 구원에 필요한 것이 모두 들어 있음을 깨닫고 만족할 수 있도록 영혼을 이끈다. 그들의 믿음은 다음 세 가지를 영적으로 온전히 이해한다.

하나, 하나님의 무한하신 지혜와 사랑과 긍휼이 구원의 본래적이고, 주권적인 원천이며, 복음이 그런 속성들을 풍성하게 드러낸다는 것을 이해한다. 둘, 믿음이 하나님의 지혜와 은혜와 긍휼의 결과, 곧 성자의 성육신과 중재와 희생과 중보를 우리에게 적용하고 전달하는 지극히 영광스러운 수단이요, 길이라는 것을 이해한다. 셋, 그리스도를 통해 가능해진 구원의 지혜와 사랑과 은혜와 긍휼을 전달하기 위해 하나님의 진리와 충실하심과 권능에 근거한 귀한 약속들이 매우 많고 다양하다는 것을 이해한다.

이 내용과 거기에 동반되는 다른 격려의 수단들을 옳게 이해한다면 구원이 그런 방식으로 주어진다는 믿음의 결론에 도달할 수 있다.

셋째, 본질적으로 참된 믿음은 다른 모든 구원의 길과 수단들을 배격한다.

예수 그리스도께서 구원하는 믿음의 온당하고 직접적인 대상이 되시는 이유는 자신의 인격과 중보와 의를 통해 이 길의 중심이자 생명이 되셨기 때문이다. 하나님은 오직 그리스도 안에서 자신의 지혜와 사랑과 은혜와 긍휼을 밝히 드러내신다.

우리를 위해 구원을 획득하고 일으키고 이루신 분이 바로 그리스도이시다. 그리스도의 의가 우리의 의로 간주되는 덕분에 우리는 의롭다 일컬음을 얻는다. 그리스도께서는 자신이 지인을 수행하심으로써 자신의 의를 우리에게 부여하신다.

성경은 생명과 구원을 얻기 위해 오직 그리스도만을 의지하는 것을 믿음이라 말한다. 그리스도께서는 이 목적을 위해 자신의 거룩한 지혜와 은혜를 모두 베풀어 주신다. 그 덕분에 우리는 그리스도께 나아가 그분을 영접하고, 믿고, 의지하며, 그 안에 거할 수 있다. 이처럼 이 구원의 길은 온갖 시련과 유혹 속에서 신자들에게 위로를 주는 원천이 된다.

구원하는 믿음은 하나님이 제시하신 구원의 길을 인정함으로써 그분의 율법을 가장 존귀하게 여긴다

구원하는 믿음은 죄인을 구원하시는 하나님의 길을 인정함으로써 율법을 허락하신 하나님의 영광을 드높이고, 마치 우리 모두가 개인적으로 율법을 온전히 이룬 것처럼 보이게 한다.

율법은 하나님의 거룩하심과 의를 반영한다. 율법은 하나님의 본성에서 비롯하는 거룩한 속성들을 나타내 그분의 영광을 영원히 드높이게 하려는 수단으로 주어졌다. 하나님이 율법을 무용한 것으로 여겨 폐지하셨다거나 그 안에 나타난 그분의 영광이 조금이라도 줄어들었다고 생각한다면 큰 오산이다. 하나님은 율법을 통해 자신의 거룩함과 영광을 나타내기로 의도하셨다.

천지는 없어질망정 율법은 일점일획도 사라지지 않는다. 만일 율법에 나타난 하나님의 영광이 온전히 보존되지 않는다면 신자는 자신의 구원을 바랄 수도 없고, 그것을 기쁘게 생각할 수도 없다. 신자는 자신의 구원을 위해 하나님이 그 영광을 조금이라도 포기하시기를 바랄 수 없다. 신자가 자신의 구원을 기뻐하는 이유는 하나님이 신자의 구원을 통해 절대적이고 보편적인 영광을 영원토록 받으시기 때문이다.

그리스도를 통한 구원은 율법이 전혀 알지 못하는 방식으로 궁휼과 의와 용서를 베풀어 죄인들을 구원한다. 믿음은 이 방식을 통해 어떻게 하나님이 율법을 허락하면서 스스로를 위해 계획하신 영광이 조금도 사라지거나 줄어들지 않고 영원히 온전하게 보존되는지를 이해한다. 복음은 그런 구원의 방식이 어떤 식으로 이루어지는지를 분명하게 보여 준다(롬 3:24-26, 8:2-4, 10:3, 4).

믿음은 하나님의 정의와 진리와 거룩하심을 주장하는 율법의 모든 공격과 도전에 능히 대응할 수 있다. 믿음은 하나님을 위한 율법의 모든 요구를 온전히 만족시킬 수 있다. 바울은 그 이유를 이렇게 설명한다.

> "자기 아들을 아끼지 아니하시고 우리 모든 사람을 위하여 내주신 이가 어찌 그 아들과 함께 모든 것을 우리에게 주시지 아니하겠느냐 누가 능히 하나님께서 택하신 자들을 고발하리요 의롭다 하신 이는 하나님이시니 누가 정죄하리요 죽으실 뿐 아니라 다시 살아나신 이는 그리스도 예수시니 그는 하나님 우편에 계신 자요 우리를 위하여 간구하시는 자시니라"(롬 8:32-34).

지금까지 하나님이 선택하신 자들의 믿음이 신자들의 생각과 양심 안에 역사해 죄와의 갈등과 시련과 유혹 속에서도 위로와 안식을 얻게 하는 첫 번째 방법을 살펴보았다. 믿음은 지금까지 논의한 이유와 근거에 입각해 예수 그리스도를 통해 죄인들을 구원하시는 하나님의 방식을 포용하고 인정한다.

"우리 주 예수 그리스도의 하나님,
영광의 아버지께서 지혜와 계시의 영을 너희에게 주사
하나님을 알게 하시고 너희 마음의 눈을 밝히사
그의 부르심의 소망이 무엇이며
성도 안에서 그 기업의 영광의 풍성함이 무엇이며
그의 힘의 위력으로 역사하심을 따라 믿는 우리에게
베푸신 능력의 지극히 크심이 어떠한 것을
너희로 알게 하시기를 구하노라"

에베소서 1장 17-19절

Second Evidence

Habitually Approving of the Holiness and Obedience God Requires, as Revealed in Scripture

2

두 번째 증거

구원하는 믿음은 성경에 계시된 대로
하나님이 요구하시는 거룩함과 복종을 습관적으로 추구한다

믿음이 신자들의 영혼과 양심 안에 역사해 죄와의 갈등과 시련과 유혹 속에서 그들에게 힘과 위로를 제공하는 두 번째 방법은 거룩함과 복종을 습관적으로 추구함으로써 성경에 계시된 하나님의 뜻을 항상 기꺼이 인정하는 것이다.

구원하는 믿음은 어떤 시련을 겪든지, 어떤 암울함에 처하든지 결코 포기하지 않는다. 믿음은 모든 상황 속에서 항상 거룩함을 추구한다.

이것이 왜 구원하는 믿음의 독특한 기능이자 효력인지 이해하려면 다음 몇 가지를 생각해 보아야 한다.

첫째, 모든 인간의 본성에는 특히 중요한 문제들과 관련해 도덕적인 선과 악을 구별할 수 있는 빛이 존재한다.

이 빛은 인간이 스스로 획득한 것도 아니고, 배워서 알게 된 것도 아니다. 인간은 이 빛을 지니고 태어난다. 이 빛은 우리와 분리될 수 없다. 이 빛은 영혼의 첫 번째 기능이 필연적으로 자연스럽게 발휘될 때 나타나기 시작하는 사고와 반성보다 더 앞선다.

인간은 행위의 도덕적인 본질을 분별하는 이 빛의 능력을 통해 자신의 행위가 선한지 악한지를 판단한다. 이 빛은 하나님의 지고한 판결을 전제로 자신의 행위를 판단한다. 바울은 이를 로마서 2장 14-15절에서 분명하게 밝혔다. "율법 없는 이방인이 본성으로 율법의 일을 행할 때에는 이 사람은 율법이 없어도 자기가 자기에게 율법이 되나니 이런 이들은 그 양심이 증거가 되어 그 생각들이 서로 혹은 고발하며 혹은 변명하여 그 마음에 새긴 율법의 행위를 나타내느니라." 이 말씀보다 더 선과 악을 지각하는 선천적인 양심의 능력을 정확하게 묘사한 것은 없다. 양심은 율법이 명령하는 선과 금지하는 악을 모두 인지하고, 인간의 행위가 무죄인지 유죄인지 판단한다.

도덕적인 의무를 인정하는 것은 모든 인간의 공통적인 속성이다. 일부 이방인들이 보여주었듯 인간을 인도하는 이 빛이 좀 더 밝게 드러나는 경우도 있고, 또 반대로 어두워져 아예 꺼지는 경우도 있다. 후자에 해당하는 사람들은 멸망하는 짐승과도 같다.

어떤 사람들은 이 빛의 힘이 조금 남아 있는 곳에서도 완고하고 고집스럽게 죄를 짓는 바람에 판단력을 모두 잃기도 한다. 바울은 하나님의 징벌로 인해 마음이 강퍅해져 죄만을 일삼는 사람들을 가리켜 "그들이 이같은 일을 행하는 자는 사형에 해당한다고 하나님께서 정하심을 알고도 자기들만 행할 뿐 아니라 또한 그런 일을 행하는 자들을 옳다 하느니라"(롬 1:32)라고 말했다.

그들은 무엇이 악이고 무엇이 죄인지, 또 하나님이 그런 일들을 어떻게 판단하시는지를 알면서도 죄를 사랑하는 마음에 사로잡힌 탓에 양심의 빛과 하나님의 판단을 멸시하고, 그것에 어긋나는 것들을 기뻐하며, 습관적으로 죄를 짓는다. 바울은 에베소서 4장 19절에서 그런 사람들은 "감각 없는 자", 즉 양심의 가책을 전혀 느끼지 못하는 자가 되었다고 말하면서 "자신을 방탕에 방임하여 모든 더러운 것을 욕심으로 행하되"라고 덧붙였다. 오늘날 세상에는 그런 사람들이 가득하다.

이것은 지금 논의하고 있는 거룩함과 복종을 추구하는 태도와는 전혀 거리가 멀다. 이것은 사람들 중에서 가장 악한 사람들이 취하는 태도로서 앞으로 살펴볼 믿음의 의무와는 아무런 관계가 없다.

둘째, 구원하는 믿음은 양심을 통해 선과 악을 분별하게 할 뿐 아니라, 율법을 통해 선과 악을 아는 지식과 어떤 행위가 무죄이고 유죄인지 판단하는 능력을 갖추도록 인도한다.

율법도 양심과 동일한 판단력과 권위(하나님의 권위)를 지닌다. 죄인들에게 율법은 선과 악을 알게 하는 나무와도 같다. 다시 말해 율법은 사람들의 눈을 열어 그들이 행한 행위의 본질을 보게 한다. 이것이 성경이 "율법으로는 죄를 깨달음이니라"(롬 3:20)고 말씀하는 이유다.

또한 율법은 의무를 일깨운다. 율법은 모든 의무를 명시한 규칙이다. 율법은 의무를 알게 하고, 죄에 대한 가책을 느끼게 한다. 이 지식과 가책은 인간이 본성의 빛으로 깨닫는 것보다 훨씬 더 확실하고 분명하다. 율법은 본성만으로는 알 수 없는 의무와 죄를 깨닫게 도와주며, 모든 죄와 의무의 본질을 선천적인 빛보다 더욱 확실하게 드러낸다. 선과 악을 아는 지식은 율법을 통해 인간의 생각 속에서 더욱 증대되어 올바르게 판단하게 하고, 알려진 모든 의무를 행하게 하며, 알려진 모든 죄를 삼가게 한다.

그러나 믿음을 통해 거룩함과 복종을 추구하는 것은 양심이나 율법의 차원에만 국한되지 않는다. 그 이유를 몇 가지 밝히면 다음과 같다.

하나, 선을 인정하고 악을 단죄하는 율법의 기능은 개별적이다. 율법에 의한 선과 악의 구별은 특별한 상황에 대한 개별적인 의무와 죄를 다루는 데 그칠 뿐, 그것이 요구하는 모든 의무와 규칙에까지 확대되지 않는다. 물론 그렇다고 해서 율법을 지키는 것이 항상 부분적이라는 의미는 아니다. 극히 드물기는 해도 알려진 모든 의무와 죄를 율법적인 진정성을 가지고 처리하는 경우가 더러 있을 수 있다.

대다수의 사람들은 율법의 권세 아래 있으면서도 이런저런 죄도 짓고 의무도 소홀히 하면서 살아간다. 물론 모든 것을 완벽하게 지켜내는 경우도 없지는 않다. 대표적인 사례가 바울의 바리새주의다. 그는 자신이 "율법의 의로는 흠이 없는 자"(빌 3:6)였다고 주장했다. 그는 알려진 죄는 단 한 가지도 저지르지 않았고, 알려진 의무는 단 한 가지도 소홀히 하지 않았다. 그의 행위에서 흠을 잡아 비판할 사람은 아무도 없었다.

바울은 완벽했다. 그러나 그렇다고 할지라도 선을 인정하고 악을 단죄하는 행위는 여전히 개별적일 수밖에 없다. 다시 말해 특별한 의무를 행하고 특별한 죄를 삼갈 수는 있지만, 율법의 온전한 의와 거룩함에 이를 수는 없다. 어떤 판단에 근거해 모든 의무를 인정하고 실천하며 또 죄를 단죄하고 삼갈 수는 있지만, 신자가 추구해야 하는 거룩함과 의로움에는 여전히 미칠 수 없다.

둘, 선을 인정하고 죄를 단죄하는 것은, 선한 것 자체를 사랑하고 악한 것 자체를 미워하는 마음이 없어도 얼마든지 가능하다. 그런 경우에는 "속사람으로 하나님의 법을 즐거워"(롬 7:22)하면서 율법과 그 안에 포함된 모든 것을 인정하거나, 이를 사랑과 기쁨으로 추구할 수 없다. 그런 경우에는 당사자가 느끼는 양심의 가책이나 상황에 따라 이런저런 의무를 사랑하거나 이런저런 죄를 미워할 수 있을 뿐이다. 그것은 선하거나 혹은 악한 본성 자체에서 우러나온 행위가 아니다. 따라서 그 누구도 구원하는 믿음의 빛이 없으면 거룩함과 복종에 대한 하나님의 계시된 뜻을 항상, 보편적으로 인정할 수 없다.

이 점을 좀 더 분명하게 이해하려면 몇 가지를 더 고려해야 한다. 첫째는 인정의 대상이고(구원하는 믿음은 무엇을 인정하는가?), 둘째는 인정의 본질이며(그 인정이란 무엇인가?), 셋째는 (하나님과 우리 자신에 관한) 인정의 근거이고, 넷째는 믿음이 그런 인정을 나타내는 방법과 수단과 기능이다.

인정의 대상

하나님이 요구하시는 거룩함과 복종은 개별적인 의무들 자체를 지킬 뿐 아니라, 우리의 본성과 행위를 그분의 뜻에 온전히 일치시킬 때 이루어진다. 성경은 이것을 매우 다양하게 묘사하는데, 여러 가지 은혜로운 작용이 관여하기 때문이다. 이 점에 대해서는 다른 곳에서 충분히 다루었기 때문에[1] 여기에서는 몇 가지 핵심만을 간단히 언급하겠다.

첫째, 가장 먼저 생각해야 할 것은 그 근본 또는 원인이다.

거룩함과 복종의 근본 또는 원인은, 우리의 본성이 온전히 혁신되어 하나님의 형상으로 변화되는 데 있다(엡 4:24). 다시 말해 영혼의 기능과 능력이 온전히 그분의 형상으로 변화되어 새로운 피조물이 되는 것, 우리가 그분의 만드신 바가 되어 그리스도 예수 안에서 선한 일을 위해 지으심을 받는 것을 의미한다(고후 5:17, 엡 2:10). 우리의 "온 영과 혼과 몸"의 본성 전체가 원천적으로 거룩해지는 것이다. 하나님의 율법 전체가 우리 마음에 기록되어 율법에 나타난 그분의 거룩하심을 본받게 된다.

이는 신자들의 영혼에 있어 그리스도의 보혈과 그분의 의에 버금가는 평화와 안식과 기쁨의 원천이 된다. 신자들은 사신이 하나님의 형상으로 회복되어 그분을 본받게 된 것에서 깊은 만족과 기쁨을 얻는다(이 점은 나중에 좀 더 자세히 살펴볼 생각이다). 이런 은혜로운 의식과 경험이 없으면 영혼 안에 혼란과 무질서가 생겨난다. 하나님의 형상으로 새롭게 변화되었음을 의식하는 것 외에는 그 무엇도 신자의 영혼에 은혜로운 평안과 만족을 줄 수 없다.

둘째, 이 거룩함은 생각과 감정 속에서 항구적인 원리로 작용한다.

이 원리는 그리스도와 밀접하게 관계되어 하나로 결합되어 있을 뿐 아니라 그분으로부터 파생되는 것이기에 때로는 그리스도 자신과 동일시된다. 우리가 사는 것이 아니라 우리 안에 그리스도께서 사시는 것이다(갈 2:20). 예수님은 "나를 떠나서는 너희가 아무 것도 할 수 없음이라"(요 15:5)고 말씀하셨다. 그분은 우리의 생명이시다(골 3:4).

이 원리는 영적 생명과 빛과 사랑과 능력의 항구적인 원리로서 영혼과 생각의 기능 속에서 항상 작용해 마음을 다해 하나님을 추구하고, 모든 영적 의무를 행하면서 그분을 위해 살 수 있게 한다. 이는 성령께서 신자 안에서 "영생하도록 솟아나는 샘물"(요 4:14)이 되시는 이치와 같다.

이 원리는 성령으로부터 난 영이요, 우리를 하나님의 약속에 참여하게 하는 거룩한 본성이다. 이는 승리하는 믿음과 사랑의 원리로서, 행위의 내용과 태도에 있어 거룩한 복종을 이루는 데 필요한 은혜를 가져다준다. 이 원리는 하나님께 속한 생명의 행위들을 기쁨과 즐거움으로 행할 수 있는 능력을 신자의 영혼에 부여한다.

이것이 이 원리의 본질이다. 그러나 참 신자라고 하더라도 한동안은 이 원리의 작용과 나타남의 정도가 매우 미미할 수 있다. 그러나 참 신자라면 누구나 어느 정도는 방금 설명한 거룩함의 본질에 참여하게 하는 영적으로 매우 중요한 복종의 원리를 소유하고 있다. 신자가 이 원리에 주의를 기울인다면 그 능력이 나타나 영혼이 새 힘과 만족을 얻는 결과가 이루어질 것이다.

이러한 증거가 있어야만 비로소 "내 눈이 어떻게 열렸는지 모르겠지만 이전에는 소경이었던 내가 이제는 분명히 보는구나! 또 내가 어떻게 살아났는지 모르겠지만 이전에는 죽어 있던 내가 이제는 내 안에 새 생명이 약동하는 것을 느껴. 이제 나는 은혜를 갈망하고, 의에 주리고 목마름을 느낀다!"고 말할 수 있다.

셋째, 죄의 첫 번째 기능이 우리 안에 역사하는 "죄의 정욕"(롬 7:5)으로 일컬어지듯, 이 거룩함도 성향이나 경향 또는 욕구로 일컬어질 수 있다.

이것이 영적 생명이라는 주요 원리의 첫 번째 기능이다. 복종하려는 성향 또는 욕구가 거룩함의 원리를 통해 신자의 생각 속에 역사한다. 여기에서 경건한 삶과 관련된 모든 의무를 행하려는 항구적인 성향이 비롯된다. 이 새로운 본성은 그에 걸맞은 성향과 욕구를 지닐 수밖에 없다.

이 새로운 영적 성향은 선한 것 그리고 하나님의 뜻에 부합하는 것을 즐거워하며, 사랑으로 하나님의 뜻을 추구하고, 견실하고 기꺼운 태도로 개별적인 의무를 이행하려는 마음을 불러일으킨다. 다윗은 시편 119편 전체에 걸쳐 이를 묘사했다. 이사야는 복음의 은혜가 거기에 참여하는 사람들의 본성을 변화시킬 것이라고 예언했다(사 11:6-8).

신자들은 모두 자기 안에서 이 새로운 본성을 발견한다. 물론 신자 안에 내주하는 죄와 유혹이 이 본성을 약화시키고 적대하고 방해할 때도 있다. 또 어떤 신자들은 필수적인 은혜의 수단을 통해 영적 생명의 원리를 활용하는 일을 게을리하는 탓에 그 힘이 줄어들 때도 있다. 그러나 새로운 본성의 작용은 신자들 안에서 중단되지 않는다.

신자들은 자신이 새로운 영적 성향을 지키고 따르고 더욱 증대시키지 않을 때 마음속에서 계속 불만족을 느끼게 된다. 신자들은 거룩함과 경건함을 향한 전반적인 성향을 자신의 영혼과 마음속에서 느끼지 못하면 마음의 평화를 유지할 수 없다. 시편 저자는 "주의 법을 사랑하는 자에게는 큰 평안이 있으니 그들에게 장애물이 없으리이다"(119:165)라고 말했다. 신자들의 영혼은 이런 본성 안에서 큰 기쁨을 발견한다.

넷째, 이 거룩함은 내적이거나 외적인 모든 행위와 의무와 사역을 통해 드러나야 한다.

그래야만 온전한 복종이 이루어질 수 있다. 신자는 죄에서 해방되어 하나님의 종이 되었기 때문에 "거룩함에 이르는 열매"를 맺어야 한다. 마지막 목표는 "영생"이다(롬 6:22). 이를 여기에서 상세히 설명할 필요는 없을 듯하다.

이 거룩함의 특징은 모든 의무를 아우르는 포괄성과 모든 행위의 진정성에 있다. 바울은 데살로니가전서 4장 3절에서 "하나님의 뜻은 이것이니 너희의 거룩함이라"고 말했다. 히브리서 12장 14절도 "거룩함을 따르라 이것이 없이는 아무도 주를 보지 못하리라"고 말씀한다. 우리는 "하나님의 선하시고 기뻐하시고 온전하신 뜻"(롬 12:2)을 추구해야 한다.

인정의 본질

구원하는 믿음의 증거인 거룩함의 길을 인정한다는 것은 무엇일까?

이 인정은 경험에서 비롯하며, 선택과 기쁨과 수용을 동반한다. 그것은 영혼이 하나님의 온전한 뜻을 기쁘게 추구하고, 복음이 계시하고 요구하는 거룩함과 복종의 탁월함과 아름다움을 성실하게 인정하는 것을 의미한다.

구원하는 믿음과 그 빛이 없는 거듭나지 못한 사람들은 그런 인정의 태도를 지닐 수 없다. 바울은 로마서 8장 7절에서 "육신의 생각은 하나님과 원수가 되나니 이는 하나님의 법에 굴복하지 아니할 뿐 아니라 할 수도 없음이라"고 말했다. 생각이 새롭게 변화되지 않아 육신적인 상태에 머물러 있으면 하나님의 율법을 철저히 외면할 수밖에 없다. 그런 적대적인 심령 상태는 거룩함을 인정하는 것을 노골적으로 반대한다.

거듭나지 못한 사람들의 생각은 때로 양심과 다른 여러 가지 사정을 고려해 이런저런 의무를 좋게 여겨 스스로의 행위에 주의를 기울일 수 있을지는 몰라도 본질적으로는 율법 자체를 싫어하는 성향을 지닌다. 그 이유는 율법이 온전한 거룩함을 요구하기 때문이다. 그런 반감을 지닌 사람들은 모두 "무지함과 그들의 마음이 굳어짐으로 말미암아 하나님의 생명에서 떠나 있다"(엡 4:18).

"하나님의 생명"은 하나님이 우리에게 원리이자 의무로서 요구하시는 거룩함과 복종을 그 내용으로 한다. 따라서 하나님의 생명에서 떠나 있으면 그것을 인정하지 않고, 싫어할 수밖에 없다. 거듭나지 않은 사람들은 모두 그런 심령 상태를 소유하고 있다.

다시 말하지만 구원하는 믿음은 온갖 시련과 어둠과 유혹과 고뇌 속에서도 거룩함과 복종에 관한 하나님의 온전하신 뜻을 특별한 경우나 일반적인 경우를 가리지 않고 삶의 전반에 걸쳐 추구함으로써 위로와 도움을 얻는다. 이 점을 두 부분으로 나누어 설명하면 다음과 같다.

첫째, 구원하는 믿음이 있는 사람의 마음은 어떤 상황이나 유혹에 직면하든 거룩함이나 그와 관련된 것을 조금도 싫어하지 않는다.

거듭난 마음도 때로 율법을 지키지 못한 탓에 영원히 멸망당할지도 모른다고 의심하며 근심한다. 이 경우 마음은 하나님이 요구하시는 복종이 아니라 자기 자신에 대해 불만족을 느낀다. 로마서 7장 10, 12절은 "생명에 이르게 할 그 계명이 내게 대하여 도리어 사망에 이르게 하는 것이 되었도다⋯⋯ 이로 보건대 율법은 거룩하고 계명도 거룩하고 의로우며 선하도다"라고 말씀한다.

거듭난 마음은 "내가 어떻게 되든, 내게 어떤 일이 일어나든, 내가 죽어 멸망하든, 율법은 거룩하고 의롭고 선하다."라고 생각한다. 거듭난 마음은 비록 하나님의 뜻을 온전히 따를 수 없더라도 율법을 조금도 싫어하지 않는다.

거듭난 양심은 죄로 인해 가책과 고통을 느낀다. 육신의 성향이 신앙의 의무들을 거부할 때 그 마음이 큰 부담을 느낀다. 신앙의 의무를 행하다 보면 세상에서 위험한 일을 당할 수도 있다. 그러나 믿음을 소유한 영혼은 신앙의 의무와 신앙의 길이 그런 어려움을 야기한다 해도 조금도 나쁘게 생각하거나 싫어하지 않는다.

둘째, 구원하는 믿음이 있는 사람의 영혼은 거룩함을 조금도 싫어하지 않기 때문에 거룩함이 완화되거나 다르게 바뀌는 것도 원하지 않는다.

아람 사람 나아만은 참 하나님을 예배하기 원했지만 자신의 사사로운 이익을 위해 의무의 기준이 완화되기를 기대했다. 그것으로 그의 위선이 드러났다. 사람들은 기독교 박해 지역에서 신앙고백을 하는 것 같이 위험과 성가심이 뒤따르는 의무들을 피하거나, 자신이 좋아하고 또 세상이 원하는 죄를 마음껏 지을 수 있다면 율법의 나머지 요구에 기꺼이 복종하겠다고 생각하는 경향이 있다.

사람들은 믿음을 고백하고, 하나님께 복종하겠다고 말하지만 마음으로 온전히 복종하지 않는다. 그들은 어떤 의무들을 싫어하거나 은밀한 죄를 숨겨 놓고 즐긴다. 그들은 스스로 복종의 기준을 정하고, 하나님이 그분 자신의 거룩한 본성이 아니라 인간의 수준을 고려해 기준을 세우시기를 바란다. 그들은 자기를 즐겁게 하는 행위는 무엇이든 하나님도 기쁘시게 할 수 있기를 바란다.

그러나 참된 믿음은 그런 태도를 혐오한다. 구원하는 믿음을 지닌 영혼은 거룩함과 복종에 관한 하나님의 뜻에 부합하지 않는 것은 그 무엇도 바라지 않는다. 그런 것을 바라는 것은 곧 하나님이 하나님이 아니시기를 바라는 것과 같다. 인간은 하나님의 율법을 살짝 변경시키거나 완화시켜도 영혼이 구원받을 수 있으리라고 생각하지만, 구원하는 믿음은 그런 생각을 절대로 용납하지 않는다. 구원하는 믿음은 하나님의 뜻 전부를 따르면 살고, 그렇지 않으면 죽는다고 믿는다.

인정의 근거

구원하는 믿음은 무엇을 근거로 거룩함과 복종에 관한 하나님의 온전하신 뜻을 인정하는가? 이 근거는 두 가지, 곧 하나님에 관한 근거와 우리 자신에 관한 근거다.

하나님에 관한 근거

믿음은 우리에게 거룩함이 요구되는 이유가 하나님 자신의 거룩하심 때문이라는 사실을 잘 알고 있다. 하나님이 우리에게 거룩함을 요구하시는 것이 지극히 합당한 이유는 그분의 본성이 무한히 완전하시기 때문이다. "내가 거룩하니 너희도 거룩할지어다"(벧전 1:16)가 원칙이다. 하나님은 우리에게 자신의 거룩함을 반영하라고 요구하신다. 그분이 거룩하시기에 우리도 거룩해야 한다. 우리가 하나님께 속했다면 우리의 거룩함이 그분의 거룩하심이 요구하는 것에 부합해야 한다.

앞에서 이미 복음적인 거룩함이 무엇이고, 그 내용이 무엇이며, 그것이 무엇을 요구하는지 살펴보았다. 이 거룩함은 우리의 고유한 속성으로 자리 잡아 우리가 스스로 추구하는 것이라는 관점에서 생각할 수도 있고, 그 자체의 본질과 하나님의 뜻이라는 관점에서 생각할 수도 있다.

물론 우리 안에 있는 거룩함은 하나님의 거룩하심을 온전히 반영할 수 없다. 우리는 연약함과 불완전함과 많은 결점과 죄를 지니기 때문이다. 이생에서 우리가 이루는 거룩함은 그 정도가 온전하지 못하다. 그러나 거듭난 그리스도인은 이 세상에서 발견할 수 있는 최선의 거룩함을 추구한다(이는 심지어 믿음이 가장 연약한 신자의 경우도 마찬가지다).

한편, 거룩함 자체의 본질과 하나님의 뜻이라는 관점에서 바라본 거룩함은, 하나님이 이 세상에서 지금까지 보여 주셨고 앞으로도 보여 주실 거룩함을 가장 영광스럽게 나타낸다. 이것은 특히 성육하신 그리스도의 인성을 통해 나타난 거룩함을 생각할 때 분명히 알 수 있다. 신자 안에 있는 거룩함은 비록 완전함의 정도에 있어서 예수 그리스도 안에 있는 거룩함과 말로 다 할 수 없이 큰 차이가 있지만, 그 본질에 있어서는 예수 그리스도 안에 있는 거룩함과 동일하다.

따라서 하나님은 자신이 거룩하신 것처럼 우리도 거룩하고, 자신이 완전하신 것처럼 우리도 완전하라고 명령하신다. 우리의 거룩함과 완전함이 하나님의 거룩하심과 완전하심을 닮지 않았다면 우리는 거룩하거나 완전해질 수 없다. 우리가 마음으로부터 이 사실을 옳게 의식한다면, 그렇지 않을 때보다 의무와 죄에 대해 보다 깊은 관심을 기울여 부지런히 노력할 것이다. 우리의 심령 상태와 행위가 하나님의 거룩하심과 완전하심을 닮았는지 진지하고 엄격하게 살피는 일을 게을리하지 않는다면 영적 부패를 방지할 수 있다.

믿음은 이 거룩함의 모든 측면에서 하나님의 형상을 발견한다. 믿음은 하나님이 거룩함을 요구하시는 것을 합당하게 여기고 인정하며, 하나님을 공경한다. 믿음은 거룩함의 형태와 행위와 의무를 비롯해 관련된 모든 면에서 그렇게 한다.

첫째, 믿음은 주로 거룩함의 내적 형태 안에서 하나님의 형상을 발견한다.

새로운 피조물은 하나님의 형상이 회복된 새로운 본성을 지닌다. 믿음은 이 거룩함이 내적으로 나타내는 아름다움 속에서 하나님의 형상과 영광을 본다. 그 이유는 새로운 피조물이 "하나님을 따라"(kata theon), 곧 하나님의 형상대로 "의와 진리의 거룩함으로" 창조되었기 때문이다(엡 4:24). "새 사람을 입었으니 이는 자기를 창조하신 이의 형상을 따라 지식에까지 새롭게 하심을 입은 자니라"(골 3:10).

하나님은 만물, 곧 하늘과 땅과 그 안에 있는 모든 것을 창조하실 때 그 무한한 지혜와 선하심과 능력이 나타나도록 만드셔서 자신의 완전함(그 영원한 능력과 신성)을 선포하게 하셨다. 그러나 모든 만물이 하나님의 형상대로 창조된 것은 아니다. 세상 만물은 자기 스스로가 아닌 다른 것의 빛을 빌려 하나님을 수동적으로 나타낼 뿐이다. 하나님은 피조물 가운데서 영광을 받으시지만 만물은 그런 하나님의 영광, 곧 의와 거룩함이라는 그분의 성품을 있는 그대로 반영하지 않는다.

오직 인간만이 하나님의 형상대로 독특하게 창조되었다. 인간은 본성의 거룩함을 통해 하나님의 의를 나타낸다. 그러나 죄로 인해 그런 능력을 상실했기 때문에 타락한 상태에 있는 인간은 이제 하나님의 거룩하심을 나타내지 못한다. 타락한 인간 안에 하나님의 형상을 반영하는 것은 아무것도 없다. 모든 것이 죽었고, 어두워졌고, 왜곡되었고, 혼돈에 빠졌다.[2]

하나님이 새로운 본성을 창조하신 목적은 인간으로 그분의 거룩함과 의로움을 나타내는 복된 형상을 회복하게 하시기 위해서다. 성경은 이를 "신성한 성품에 참여하는 것"(벧후 1:4)으로 묘사한다. 새로운 본성 안에 하나님의 형상이 없는 사람은 믿음의 빛을 소유하지 못한 상태다.

믿음은 이를 근거로 거룩함의 형태와 원리를 우리 안에서 회복된 하나님의 형상으로 인정한다. 믿음은 하나님이 이 거룩함을 우리에게 부여하고 요구하시는 것이 합당하다고 생각한다. 이런 점에서 거룩함은 더할 나위 없이 탁월하고 바람직하다.

영혼은 때로 자기 안에 남아 있는 죄의 권세와 그로 인한 유혹 때문에 자신이 거룩한 본성에 참여하게 되었다는 사실을 의심하며 기운을 잃을 수 있다. 또 많은 사람들의 경우처럼 자신이 하나님으로부터 났는지 아닌지조차 모를 수 있다. 그러나 믿음이 있으면 하나님의 형상을 반영하는 새로운 피조물의 아름다움과 영광을 발견할 수 있다. 믿음은 영혼으로 하여금 거룩함을 갈망하며 더욱더 거룩해지도록 도와준다.

믿음은 이런 사역 혹은 기능을 통해 그 진실함을 나타낸다(이것이 곧 이 책의 탐구 주제다). 믿음의 눈이 열려 새로운 피조물 안에서 하나님의 영광을 보게 되면, 그것이 하나님의 거룩하심을 반영하는 것이기에 하나님이 거룩함을 요구하시는 것이 지극히 합당한 일임을 인식하게 되면, 그것을 탁월하고 바람직한 것으로 인정하기에 이른다. 그러면 믿음은 가장 큰 시련 속에서도 영혼을 안전하게 붙잡는 닻이 된다.

구원하는 믿음은 각성된 양심의 기능을 뛰어넘는 기능을 발휘한다.[3] 각성된 양심은 결과를 보고 복종의 행위와 효과를 인정하거나 인정하지 않을 수 있지만, 구원하는 믿음은 새로운 피조물의 영적 본성이 하나님의 거룩하심을 나타낸다는 것을 깨닫고, 이를 근거로 항상 그것을 인정한다.

둘째, 믿음은 새로운 피조물의 내적 행위와 효과, 곧 새로운 복종의 원리와 관련해서도 동일한 기능을 발휘한다.

믿음이 가장 처음 우리 안에서 일으키는 것은 신령한 심령 상태를 지니게 하는 것이다. 성령을 따라 행하는 사람들은 "영의 생각"(롬 8:5-6)을 한다. 믿음은 그와 반대되는 육신의 생각을 혐오스럽게 여긴다. 육신의 생각은 육신의 정욕을 채우려는 성향이 있기 때문이다.

신령한 심령 상태는 "왕의 딸"(시 45:13)의 아름다운 내면과도 같아서 영혼이 성령의 온갖 탁월한 은혜에 힘입어 도덕적인 힘을 발휘할 수 있는 성향과 능력과 자질을 갖추도록 도와준다. 믿음은 신령한 심령 상태와 반대되는 것은 무엇이든 하나님께, 또 그분을 기쁘시게 하려는 사람에게 합당하지 않은 비천하고 저급한 것으로 간주한다.

셋째, 믿음은 내외적인 특별한 의무와 관련해서도 동일한 기능을 발휘한다.

성령께서는 믿음을 통해 활력을 주시고 은혜를 채워 주신다. 하나님께 합당한 삶(골 1:10, 살전 2:12)은 여러 가지 의무들, 곧 그분이 받으시기에 합당할 뿐 아니라 그분을 영화롭게 하는 행위들을 통해 이루어진다. 믿음은 거룩하라는 의무를 소홀히 하기나 은혜를 온당하게 사용하지 않는 행위를 싫어하고 단죄한다. 그런 행위는 하나님은 물론, 우리의 고귀하고 거룩한 소명과 우리의 신앙 고백에도 합당하지 않다.

앞서 말한 대로 믿음은 심적인 황폐함과 유혹 아래서도 계속해서 그런 기능을 발휘한다. 영혼이 힘을 잃어 영적 생활의 능력과 효력과 의무에 충실하지 못할 때가 있다. 시편 저자는 스스로가 그런 상태에 처한 것에 대해 종종 괴로움을 토로했다. 그런 경험은 대다수 사람들에게도 전혀 낯설지 않다. 영적 상태가 활력을 잃고 무력하고 쇠약해지는 것을 경험하지 못한 사람은 거의 없다. 때로는 참 신자도 오랫동안 믿음의 활력을 회복하지 못할 때가 있다.

그러나 믿음은 그런 상황에서도 거룩함과 복종을 추구한다. 그런 태도가 믿음의 원리와 효과와 그 본질과 성향과 의무를 통해 항상 유지된다. 신자가 자기 안에서 그런 아름다운 태도를 발견하지 못할 때는 언약의 약속과 그 약속을 선포한 복음의 진리와 다른 사람들에게 미친 효과를 볼 때 발견할 수 있다.

믿음은 이를 통해 여러 가지 큰 유익을 얻는다. 구원하는 믿음을 활용하면 마음이 죄 가운데 머물거나 영적 부패에 사로잡혀 거룩함을 추구하는 데서 멀어질 일이 없다. 거룩함을 보고 그 탁월함을 깨닫고 인정하면(이것이 하나님의 거룩하심에 부응하는 것이다.) 마음이 거룩함을 추구하게 되고, 이를 소홀히 하는 영혼을 꾸짖게 될 것이다.

거룩함을 확신하는 데서 위로를 얻고자 노력하지 않는다면 믿음은 그 어떤 안식이나 평화도 제공하지 않는다. 거룩함의 탁월함을 지속적으로 의식하는 마음(하나님의 뜻과 거룩하심에 합당한 마음)을 잃어버린 영혼은 심한 중병을 앓는다. 그럴 때는 양심의 가책과 두려움만이 다만 최악의 죄를 저지르지 않도록 도와줄 뿐이다. 그러나 그것만으로는 하나님의 평화를 대신하기에 충분하지 않다.

이것이 신자와 불신자의 큰 차이 가운데 하나다. 불신자는 하나님이나 영원에 대해 생각할 때 신앙생활과 올바른 삶을 통해 얻는 유익이 많다는 것을 어느 정도 이해하지만, 주로는 죄의 결과에 대한 두려움에 지배된다. 그와 달리 신자는 그들의 소명으로 주어진 거룩함 속에서 하나님의 형상의 영광을 바라보는 것에 영향을 받는다. 신자는 이를 통해 거룩함을 사랑하고, 그 안에서 기뻐하며, 거룩함 자체를 상급으로 간주한다. 그런 감정이 없다면 끝까지 인내하며 복종할 수 없다.

믿음을 활용하면 온갖 유혹과 어둠 속에서도 영혼의 위로를 받을 수 있다. 하나님이 요구하시는 거룩함을 추구하면 하나님과 그분의 은혜가 존재하지 않는다는 결론을 피할 수 있다. 생명은 우리에게 속해 있지 않다. 우리는 본질상 생명에 대해 무지하다. 이것은 우리가 볼 수 없는 것, 곧 "그리스도와 함께 하나님 안에 감추어진"(골 3:3) 생명이다. 우리는 본래 "(우리 가운데 있는) 무지함과······ 마음이 굳어짐으로 말미암아 하나님의 생명에서 떠나 있었다"(엡 4:18).

사람들은 대부분 하나님에 대한 인간의 주된 의무들과 그 원리들을 허구로 생각해 멸시하며 평생을 살아간다. 우리가 구원하는 믿음을 통해 이 거룩함을 인정하고 그 아름다움을 보게 된다면 큰 만족을 얻을 수 있다.

우리에 관한 근거

믿음은 이 땅에서 우리의 본성이 거룩함과 복종의 길을 통해 올바름과 완전함을 향해 나아갈 수 있다고 인정한다. 거룩함의 길이 만족의 유일한 규칙이자 척도다. 이 길과 반대되는 것은 무엇이든 비천하고 저급하고 부정직하고 사악하다.

어떤 사람들은 자신의 본성이 정욕을 만족시키는 것 외에는 어떤 완전함도 추구할 수 없다고 생각한다. 그들은 부패한 정욕과 쾌락을 추구하는 것 말고는 무엇도 자신의 욕망을 충족시킬 수 없다고 믿는다. 그들은 그 외에는 다른 어떤 만족도 알지 못한다. 바울은 "그들이 감각 없는 자가 되어 자신을 방탕에 방임하여 모든 더러운 것을 욕심으로 행하되"(엡 4:19)라는 말로 그런 사람들을 묘사했다. 그들의 삶은 온통 육신의 편의를 도모하며 악한 욕망을 채우는 데 집중된다.

그들은 육신의 정욕을 따라 살며 "육체와 마음의 원하는 것"(엡 2:3)을 마음껏 충족시킨다. 그들은 자신의 본성에서 비롯하는 혼란과 무질서와 부패함이 그들의 생각을 무엇으로 가득 채우는지 알지도, 이해하지도 못한다. 그런 왜곡된 만족은 지옥으로 가는 지름길이다. 영적인 빛이 없는 사람은 누구나 그 사악함에서 벗어날 수 없다.

이방인들 가운데 도덕적인 미덕과 실천을 통해 인간의 본성을 다소 향상시킨 사람들이 있다. 이것은 선천적인 빛이 도달할 수 있는 최고의 경지다. 그러나 복음의 빛 앞에서 그것의 불확실함과 무능력이 여실히 드러난다.

오직 믿음만이 우리가 이 세상에 있는 동안 우리에게, 우리를 위해, 우리 안에 선한 것이 무엇인지 식별하게 한다. 우리 안에 있는 하나님의 형상이 회복되어야만 비로소 본성의 질서와 완전함과 선함과 복스러움을 되찾을 수 있다. 그래야만 영적인 삶의 은혜로운 원리에 따라 행동할 수 있고, 그런 삶에 부합되는 실천과 의무를 이행할 수 있으며, 하나님의 약속대로 신성한 성품에 참여할 수 있다.

그렇게 되면 우리의 영혼이 타락 이전의 상태로 높아지고 격상되어 그 본래적인 능력을 발휘해 하나님을 즐거워할 수 있다. 하나님을 즐거워하는 것이 인간의 주된 목적이자 가장 큰 복의 원천이다. 복음을 통해 예수 그리스도 안에 계시된 하나님만이 우리의 감정을 올바른 대상을 향하도록 만드실 수 있다. 감정의 만족과 질서와 안식은 거룩함을 추구하는 데 달려 있다.

하나님은 영혼의 모든 힘을 복된 상태로 이끌어 그 모든 기능이 조화를 이루도록 도와주신다. 그분은 어둡고, 왜곡되고, 불안하고, 비천하고, 사악한 것은 무엇이든 모두 내쫓으신다. 이 점에 대해서는 설명이 조금 더 필요하다.

첫째, 복음적인 거룩함의 원천과 원리는 영적인 구원의 빛이다.

이 빛은 그리스도 안에 나타나신 하나님을 마음으로 알아, 영적으로, 구원의 방식으로 신령한 것들을 보게 한다. "하나님께서 예수 그리스도의 얼굴에 있는 하나님의 영광을 아는 빛을 우리 마음에 비추셨느니라"(고후 4:6).

이 빛이 없으면 참된 거룩함도 없다. 하나님은 겉으로만 거룩한 척하는 것은 결코 인정하지 않으신다. 신앙의 의무를 일깨우는 이 빛이 결여된 맹목적인 헌신은 인간 스스로가 창안해 낸 불필요한 의무들을 가중시킬 뿐이다. 바울은 "이런 것들은 자의적 숭배와 겸손과 몸을 괴롭게 하는 데는 지혜 있는 모양이나"(골 2:23)라고 말했다. 그것들 안에는 복음적인 거룩함이 존재하지 않는다.

바울은 "새 사람을 입었으니 이는 자기를 창조하신 이의 형상을 따라 지식에까지 새롭게 하심을 입은 자니라"(골 3:10)라고 말했다. 바울은 복음적인 거룩함과 복종을 설명하면서 구원의 빛과 지식이 모든 참된 복음적인 거룩함과 복종의 원천이자 원리라고 설명했다.

그는 골로새서 1장 9-11절에서 "이로써 우리도…… 구하노니 너희로 하여금 모든 신령한 지혜와 총명에 하나님의 뜻을 아는 것으로 채우게 하시고 주께 합당하게 행하여 범사에 기쁘시게 하고 모든 선한 일에 열매를 맺게 하시며 하나님을 아는 것에 자라게 하시고 그의 영광의 힘을 따라 모든 능력으로 능하게 하시며 기쁨으로 모든 견딤과 오래 참음에 이르게 하시고"라고 말했다. 이 말씀은 복음적인 거룩함의 본질과 기원과 근원과 진보와 열매와 효과를 잘 설명하고 있다. 믿음의 눈으로 진지하게 살펴보면 이 거룩함이 도덕적인 미덕과 얼마나 크게 다른지 알 수 있나(어떤 사람들은 전자를 후자로 대체하기를 원한다).

복음적인 거룩함이 영광스러운 이유는 각성되지 못한 마음으로는 볼 수도 없고, 이해할 수도 없기 때문이다. 이 거룩함의 근거는 영적 총명과 지혜를 통해 하나님의 뜻을 아는 지식 안에 놓여 있다. 이것은 영적인, 구원의 빛이다.

바울은 에베소서 1장 17-18절에서 이 빛이 신자들 안에서 더욱 풍성해지기를 기도했다. "우리 주 예수 그리스도의 하나님, 영광의 아버지께서 지혜와 계시의 영을 너희에게 주사 하나님을 알게 하시고 너희 마음의 눈을 밝히사 그 부르심의 소망이 무엇이며 성도 안에서 그 기업의 영광의 풍성함이 무엇이며." 바울은 또한 골로새서에서 "하나님을 아는 것에 자라게 하시고"(1:10)라고 기도했다.

바울은 지극히 영광스러운 구원의 빛의 기원과 원인과 용도와 효과를 분명하게 드러냈다. 이 빛은 모든 참 신자 안에 있다. 이 빛은 복음적인 거룩함과 복종의 유일하고 직접적인 원천이다. 왜냐하면 "새 사람은…… 자기를 창조하신 이의 형상을 따라 지식에까지 새롭게 하심을 입은 자"(골 3:10)이기 때문이다.

신자들에게 주어진 이 빛, 이 지혜, 이 영적인 총명이 세상에서 그들의 생각을 이끄는 완전한 원리다. 이 원리가 그들에게 질서와 평안과 능력을 주고, 그들의 존재와 목적과 연관된 모든 기능을 합당한 방식으로 발휘할 수 있는 능력을 부여한다. 또한 이 빛은 속사람을 아름다움과 영광으로 치장하고, 신자에게 빛의 왕국에 거할 수 있는 자격을 부여한다. 그 덕분에 우리는 "흑암의 권세에서…… 사랑의 아들의 나라로 옮겨지고"(골 1:13), "어두운 데서…… 그의 기이한 빛에 들어가게 된다"(벧전 2:9).

성경은 거듭나지 않은 사람들, 곧 하나님의 능력과 은혜의 영광스러운 사역에 의해 영적으로 치유함을 받지 못한 사람들 안에는 이 빛과 반대되는 모든 것이 들어있다고 말씀한다. 믿음은 이것들을 능히 분별한다. 신령한 사람은 모든 것을 판단할 수 있기 때문이다(고전 2:15). 믿음은 이 천상의 빛이 지닌 아름다움을 보며, 우리 생각을 질서 있게 하고 올바르게 하는 그 능력을 인정한다. 또한 믿음은 이 빛과 반대되는 것은 모두 다 사악하고 저급하고 끔찍하고 수치스러운 것으로 여긴다. 악을 행하는 사람들은 "빛보다 어둠을 더 사랑하지만"(요 3:19) 믿음은 그런 행위가 그리스도와 복음을 거스르는 것임을 잘 안다.

둘째, 영적 생명의 원리를 갖추어 거룩함으로 하나님을 사랑하는 것, 이것이 그분이 우리에게 요구하시는 것이다.

이 원리가 영혼의 길잡이와 규칙이 되어 그 안에서 역사함으로써 복종을 이끌어내고, 모든 상황에서 영혼을 올바른 방향으로 나아가게 만든다. 이를 거스르는 것은 모두 죽음이요 하나님에 대한 반역이다. 믿음은 이 두 원리와 그 기능의 차이를 판단한다. 믿음은 전자를 사랑스럽고 아름답고 바람직한 것으로 여겨 인정하고(이것이 의지의 올바름이요 완전함이다), 후자를 기형적이고 왜곡된 것으로 여겨 배격한다.

셋째, 영혼의 감정 및 거기서 비롯하는 모든 복종의 의무에 대한 이 원리의 본질과 기능도 위와 똑같이 말할 수 있다.

믿음이 거룩함을 인정하는 방법과 수단과 기능

마지막으로 살펴볼 주제는 믿음이 복음적인 거룩함을 인정하는 방법과 수단과 기능이다. 믿음은 복음적인 거룩함을 그 자체로 사랑스럽고 바람직하게 여긴다. 거룩함이 세상에 사는 동안 우리의 생각을 최대한 성결하게 만들기 때문이다. 믿음이 이를 인정하는 방법은 두 가지다.

첫째, 생각이 이 거룩함에 미치지 못하면 즉시 불만과 수치심을 느끼게 한다.

이것이 거룩한 수치심의 주된 원리이자 원인이다. "이제는 너희가 그 일을 부끄러워하나니"(롬 6:21)라는 말씀대로 신자는 죄를 지을 때마다 그런 수치심을 느낀다. 믿음의 빛으로 죄가 얼마나 사악한지를 깨달으면, 곧 그것이 자신에게 전혀 합당하지 않고 영혼의 가치를 떨어뜨린다는 것을 알면, 신자는 수치심을 느끼지 않을 수 없다. 거룩한 수치심은 죄가 하나님의 거룩하심에 전혀 합당하지 않고, 그분에 대한 배은망덕이자 불충실함을 의식하는 데서 생겨난다.

또한 죄가 우리에게 합당하지 않은 것이고, 우리의 본성을 비천하게 만든다는 사실을 의식할 때도 수치심이 생겨난다. 하나님은 이사야를 통해 사악한 죄인들은 "(스스로를) 스올에까지 내려가게"(사 57:9) 한다고 말씀하셨다. 그들은 인간의 본성에 합당하지 않은 행위를 저질러 자신을 지옥만큼이나 사악하게 만든다. 죄에 대한 경건한 슬픔이 동반된 엄격한 자기 성찰이 필요한 이유가 여기에 있다(고후 7:11).

특히 하나님이 요구하시는 거룩함에 미치지 못할 때마다 신자가 스스로를 부끄럽게 여길 때 그 믿음의 충실함이 분명하게 드러난다. 거듭난 사람은 하나님과 자기 자신 외에는 아무도 자기 죄를 아는 사람이 없을지라도 마음속으로 슬픔과 수치심을 느낀다. 이런 감정은 충실한 믿음에서 비롯한다.

따라서 우리의 영혼 안에서, 우리의 영혼을 거슬러 싸우는 죄로 인해 어떤 갈등이 발생하든, 또 우리가 어떤 부패함에 빠지든(이것이 신자 안에 있는 어둠과 두려움의 두 원리다.) 우리의 내면에서 죄에 대한 거룩한 수치심과 경건한 슬픔이 느껴진다면 우리 안에 믿음이 존재한다는 확실한 증거다.

둘째, 믿음은 또한 영적 만족을 통해 거룩함을 인정한다.

영혼은 변화를 일으키는 거룩함의 능력을 경험함으로써 점점 더 하나님의 거룩하심을 닮아갈 때마다 영적 만족을 느낀다. 하나님의 형상으로 새롭게 변해감을 의식할 때면 영혼 안에서 은밀한 기쁨과 영적 활력이 솟아난다. 이 기쁨은 거룩해질수록 더욱 증대된다. 복되게도 거기에 예수 그리스도께서 주시는 은혜와 초자연적인 빛이 더해지면 영혼은 점진적으로 본래의 올바른 창조 질서로 되돌아간다. 영혼은 그런 과정을 통해 하나님을 멀리했던 지난날의 과오에서 돌이켜 하나님께로 돌아와 영원한 안식과 축복을 향해 나아간다. 이를 통해 영혼이 느끼는 만족보다 더 큰 만족은 어디에도 없다.

이것이 믿음이 모든 신자의 영혼 안에서 항상 굳세게 서서 자기를 나타내는 두 번째 방법이다. 그 영적 생명을 통해 이룬 것이 아무리 미미하고 보잘것없더라도, 심지어는 어둠과 죄책감에 짓눌려 죄의 기만과 격렬함에 당황하며 놀랄지라도 믿음은 계속해서 흔들리지 않고 굳게 버틸 것이다.

믿음은 하나님이 요구하시는 거룩함과 복종이 그분 자신의 영광스러운 탁월함을 나타내고, 그분의 형상을 회복하고, 그로써 우리의 본성을 완전하게 하는 것임을 알고 그 영광과 뛰어남을 기꺼이 인정한다. 믿음은 영혼이 극심한 시련에 처하더라도 항상 이 거룩함을 인정한다. 믿음은 우리를 안전하게 지켜 주는 튼튼하고 안정된 닻이다.

Third Evidence

Consistently Endeavoring to Keep All Grace in Exercise in All Ordinances of Divine Worship

3

세 번째 증거

**구원하는 믿음은 거룩한 예배를 드릴 때
모든 은혜를 활용하려고 항상 노력한다**

구원하는 믿음이 자기를 나타내는 세 번째 방법은 사적으로나 공적으로 거룩한 예배를 드릴 때 모든 은혜를 활용하려고 항상 노력하는 것이다. 내적인 은혜를 합당하게 활용하는 것이 믿음과 영적 복종의 시금석이다. 이는 예배의 가장 어렵고도 내밀한 측면이다. 이것이 없으면 영혼 안에 생명이 없다.

이와 관련해 사람들은 크게 두 가지 잘못을 저질러 스스로 미혹된다.

첫째, 의무를 늘리거나 의무만을 열심히 이행하는 잘못이다. 시대를 막론하고 위선자들은 항상 그런 식으로 스스로를 속인다(사 58:2-3). 로마 가톨릭교회는 복음에서 떠난 것을 은폐하기 위해 외형을 그럴싸하게 꾸민다. 그들은 의무를 끊임없이 늘리고, 그것들을 신뢰하고, 자랑한다.

겉으로는 매우 양심적으로 의무들을 이행하는 척하면서 실제로는 자신의 정욕을 만족시키는 죄를 서슴지 않는 사람들이 있다. 그들은 특히 가정생활과 공공생활에서 의연한 태도로 의무를 이행할 수 있고, 또 종종 그렇게 한다. 그들은 자신의 정욕과 태만이 드러나지 않도록 짐짓 일반적인 한도를 초과해 많은 의무를 이행하는 척한다.

둘째, 은사만을 의지하여 의무를 이행하는 잘못이다.[1] 그러나 그런 행위는 구원하는 믿음과 아무런 상관이 없다. 그런 행위만으로 만족하는 사람은 형식주의에 치우쳐 모든 은혜의 사역을 훼손하고, 영혼을 더는 돌이킬 수 없을 만큼 강퍅하게 만든다.

믿음이 진실하면 은혜로, 참되고 살아 있는 마음으로, 예배의 모든 의무를 이행할 수 있다. 만일 그렇게 하지 않으면 믿음은 영혼이 그런 의무를 통해 만족이나 안식을 얻도록 허용하지 않고, 오히려 그것을 더러운 옷처럼 벗어버리게 만들 것이다. 은혜를 올바르게 활용하려고 노력하지도 않고, 진심을 다하지도 않은 채 단지 의무만을 이행하는 것은 구원하는 믿음이 없다는 확실한 증거다.

구원하는 믿음을 옳게 활용하지 않은 결과

많은 사람들을 파멸로 몰아넣은 해악이 세 가지 있다. 이 해악들은 공적이거나 사적인 예배를 통해 은혜를 활용하는 것이 무엇인지 모르거나 이를 소홀히 하거나 성가시게 여길 때 생겨난다.

첫째, 이 의무를 소홀히 하는 것은 모든 그릇된 예배의 원인이다.

사람들이 그릇된 예배의 미신적인 의식을 창안하는 것도 이 때문이다. 사람들은 하나님이 세우신 예배 제도를 통해 믿음을 활용하는 법을 알지 못하고, 오히려 그것을 무익하며 귀찮은 것으로만 생각한다. 그러나 믿음을 계속해서 활용하지 않으면 예배를 통해 만족을 얻을 수 없고, 생명이 넘치는 예배를 드릴 수도 없다.

사람들은 예배를 통해 무언가 얻기를 바라고, 그들의 생각과 감정을 기쁘게 하기를 원한다. 만일 그런 것마저 결여되어 있다면 분명 그릇된 예배조차 드릴 사람이 없을 것이다. 이것이 사람들이 생각을 다른 데로 돌릴 요소들과 다양한 형태의 기도를 창안하는 이유다. 생각은 믿음을 활용하지 않으면 영적인 것에 계속해서 집중할 수 없다. 그런 요소들을 활용하면 마음만 흥분되고 실상 아무것도 없는데 무언가 있다는 착각에 빠지게 된다. 사람들은 그런 이유로 화려한 예복, 경배의 몸짓, 기도의 자세 등과 같은 외적인 의식에 관심을 기울인다. 그들의 유일한 목적은 외적인 예배 의식에서 기쁨과 만족을 얻음으로써 생각과 감정을 즐겁게 하는 것이다.

믿음을 활용하는 것은 예배의 생명이요 영혼이기 때문에 그것이 없으면 모든 의미가 사라진다. 그런 생명력 없는 형식만을 활용하면 예배는 부패해질 수밖에 없다. 타고난 재능이나 암송만을 활용하는 예배도 조금도 나을 것이 없기는 마찬가지다. 어떤 사람들은 뛰어난 영적 은사와 그 힘에 근거한 의무 이행을 마다하고 "아베 마리아"[2]나 "신조"[3]를 암송하는 것으로 만족한다.

둘째, 많은 사람이 올바른 예배를 무시하고 거룩한 예배의 엄숙한 의식을 외면한 채 헛된 상상으로 위로를 찾고, 흥분에 들뜬 찬양을 부르고, 거짓 기쁨을 내보인다.

참된 은혜를 구하지 않고 거짓된 허영을 따르는 사람이 많다. 그들은 한동안 거룩한 예배 제도를 준수하지만 그와 관련해 활용할 수 있는 믿음이 없다. 오직 믿음의 활용만이 예배 제도에 능력과 생명을 부여한다. 때문에 그들은 예배 제도를 차츰 무익하고 성가신 일로 생각하기에 이른다. 결국 예배를 통해 어떤 만족이나 유익이나 즐거움을 발견하지 못한다.

오늘날 많은 사람이 새롭고 그릇된 의식을 추구하는 이유는 참된 예배를 경험한 적이 없기 때문이다. 만일 그들이 믿음을 통해 형식과 생명력을 갖춘 거룩한 예배에서 발견되는 은혜와 능력과 활력을 경험했다면 그것을 무익하게 여겨 외면하지 않았을 것이다.

우리 시대의 많은 사람들이 한동안 복음적인 예배 의식을 준수하다가 거기에서 멀어진 이유를 말씀에서 찾을 수 있다. "그들이 우리에게서 나갔으나 우리에게 속하지 아니하였나니 만일 우리에게 속하였더라면 우리와 함께 거하였으려니와"(요일 2:19). "만일 알았더라면 영광의 주를 십자가에 못 박지 아니하였으리라"(고전 2:8). 그들이 예배를 통해 생명이나 유익함을 발견하지 못하는 이유는 처음부터 활용할 믿음이나 참 신앙을 추구할 마음이 없었기 때문이다.

셋째, 이와 동일한 이유에서 어떤 사람들은 제도화된 예배를 전혀 인정하지 않고, 오직 자연 종교만을 추구하는 불경을 저지른다.

오늘날 우리 시대에는 그런 사람들이 많다. 그들 안에는 믿음의 빛이 조금도 없기 때문에 그들은 그리스도나 그분께 속한 무엇에서도 아름다움을 발견하지 못한다. 그 결과 수많은 영혼이 매일 자신의 파멸을 재촉하고 있다.

참 신앙은 온갖 어둠과 고통 속에서도 효력을 발휘한다. 참 신앙은 항상 공적으로나 사적으로 이루어지는 예배를 통해 믿음과 다른 은혜들을 올바르게 활용한다. 물론 때로는 믿음의 기능과 행위가 약해질 때도 있고 부패할 때도 있다. 일시적으로 또는 한두 가지 의무를 행할 때만이 아니라 심령 상태가 전반적으로 무기력해질 때도 있다. 그러나 진실하고 참된 믿음은 우리를 괴롭히는 죄를 먼지 털듯 털어내고, 자신의 의무를 이행하기 위해 힘써 분발해 싸운다.

여러 가지 의무를 이행하지만 믿음을 활용하기를 소홀히 하고, 오직 형식에만 치우치는 영혼은 가장 큰 위험에 처할 수밖에 없다. 그런 경우, 영혼은 이미 죽었거나 죽음을 눈앞에 둔 상태다. 따라서 지혜로운 사람이라면 정신을 바짝 차리고 이런 믿음의 증거를 잃지 않았는지 면밀히 살필 것이 분명하다. 다른 모든 상황이 우리에게 불리하게 작용하는 듯 보일 때가 오히려 도움이 될 수 있다.

예를 들어 어떤 사람들은 절망의 문턱에서 믿음을 활용했던 일을 기억하고 새로운 돌파구를 찾는다. 그들은 한때 기도를 통해 믿음을 활용한 덕분에 큰 위로를 받았던 경험을 기억한다. 그런 식으로 믿음을 활용했던 경험은 귀한 보석과도 같다. 보석은 서랍 속에 있을 때는 아무 쓸모가 없지만, 목숨을 위해 빵을 사야 할 때는 그 가치를 분명하게 드러난다.

은혜를 활용하기 위한 방법

따라서 거룩한 예배를 드릴 때 어떻게 믿음을 활용해야 유혹과 어둠의 때에 위로를 얻을 수 있는지 생각해 보아야 한다. 몇 가지 유익한 지침을 제시하면 다음과 같다.

첫째, 하나님 앞에 나아갈 때마다 마음속으로 무한히 완전하신 그분의 본성을 의식하려고 항상 노력하라.

특히 하나님의 주권적인 능력, 거룩하심, 광대하심, 편재하심을 생각하라. 그러면 하나님이 우리를 무한히 초월하는 분이심을 느끼고 겸손할 수 있나.

하나님을 묘사하는 성경 말씀 가운데는 이런 심령 상태를 독려하는 내용이 많다. 여호수아는 이스라엘 백성에게 하나님을 예배하라고 권하면서 그런 마음가짐을 갖게 하려고 노력했다 (수 24:19-22). 히브리서 저자도 그와 비슷하게 "그러므로 우리가 흔들리지 않는 나라를 받았은즉 은혜를 받자 이로 말미암아 경건함과 두려움으로 하나님을 기쁘시게 섬길지니"(12:28-29)라고 말했다.

하나님의 영광스러움을 묘사한 내용이 성경 도처에서 발견된다. 그 말씀들도 모두 동일한 목적을 지닌다. 항상 하나님과 그분의 위대하심과 거룩하심을 공경하는 마음을 유지하지 않으면 예배의 의무를 이행할 때 믿음이 그 효력을 발휘하기 어렵다. 이것이 은혜를 올바로 사용하는 유일한 방법이다. 이것이 없으면 우리 마음속에 거룩한 생각과 감정이 생길 수 없다. 이것이 있어야만 모든 의무를 이행할 때 우리 마음속에 은혜가 역사할 수 있다. 골방에서 혼자서 또는 회중과 더불어 예배를 드릴 때 이것이 없으면 마음에 다른 것들이 가득 차 방해를 받을 수밖에 없다.

하나님께 나아갈 때는 그분을 공경하는 마음을 가져야 한다. 그래야만 마구 날뛰는 사악함을 잠재우고, 육신적이고 형식적인 생각을 몰아낼 수 있다. 그것들은 우리의 모든 의무 이행을 망치는 주범이다. 따라서 하나님께 나아갈 때는 마음을 잘 관리해야 한다. 그러면 진정한 예배를 드릴 수 있는 문이 열릴 것이다.

이런 마음을 가지면 하나님의 무한한 초월성에 대한 의식이 싹트고, 그로 인해 믿음이 고무되어 거기에 합당한 공경심과 경건한 두려움을 느끼기 마련이다. 이것이 아브라함이 느꼈던 감정이다(창 18:27). 전도서를 기록한 지혜자도 그런 의식을 가지라고 권고했다(전 5:2). 이런 의식을 결여한 채 무모하게 육신적으로만 예배의 의무를 이행하려고 하는 것은 영혼을 망치는 결과를 낳는다. 그런 예배는 하나님도 받아 주시지 않고, 스스로에게도 아무런 유익이 없다.

둘째, 믿음으로 올바른 예배를 드리려면, 우리가 가장 잘한 의무조차도 위대하고 거룩하신 하나님 앞에서는 참으로 보잘 것없음을 마음으로 의식하고, 하나님이 그것을 받아주시려면 무한히 자기를 낮추셔야 한다는 사실을 기억해야 한다.[4]

우리가 최선을 다해 가장 활기차게 은혜를 활용하고, 가장 큰 열심을 기울여 기도를 드리고, 가장 큰 겸손으로 말씀을 들으며, 가장 큰 두려움으로 죄를 뉘우치고, 가장 경건한 마음으로 예배의 모든 순서에 참여한다고 해도 과연 하나님 앞에 내

세울 만한 것이 될 수 있을까? 그것들은 무한히 거룩하신 하나님 앞에서는 그야말로 아무것도 아니다(욥 4:18-19, 15:15-16). 우리의 선함은 비교의 대상조차 되지 못한다(시 16:2). 우리가 행한 최상의 의무도 하나님의 거룩하심과는 비교할 수 없다.

우리가 하는 것은 아무리 거룩해도 부정할 수밖에 없다. 우리의 인격과 마찬가지로 우리가 행한 최상의 의무도 그리스도의 보혈로 깨끗하게 씻겨 의롭게 되고, 용서와 긍휼을 받아야 한다. 하나님이 우리 혹은 우리의 의무를 조금이라도 눈여겨보시려면 스스로를 낮추셔야 한다. 우리는 스스로를 무한히 낮추시는 하나님을 일평생 거룩하게 우러르며 살아야 한다.

최상의 의무와 최고의 심령 상태도 그러할진대 나태와 부주의에 빠져 믿음을 온당하게 활용하지 못하고, 하나님 앞에서 번번이 죽은 송장과도 같이 의무를 이행하는 것은 그분에 대한 크나큰 모욕이 아닐 수 없다. 그런 어리석음과 태만의 죄는 진정 말로 다 할 수 없이 크다. 따라서 이 점을 항상 마음에 새기고 최선을 다해 예배의 의무를 감당하도록 늘 분발해야 한다.

셋째, 부주의한 태도를 가지고 예배의 의무를 이행하며 믿음을 온당하게 활용하지 않는 것은 하나님을 가장 크게 모욕하는 일이다.

그런 부주의는 하나님을 크게 무시하는 처사다. 그런 경우에는 하나님의 완전한 속성 가운데 어느 하나도 온전하게 의식할 수 없다. 그것은 하나님을 예배하는 것이 아니다. 하나님을 적당히 외형만 갖추면 속여 넘길 수 있는 우상처럼 여겨 농락하는 것이다. 히브리서 저자는 그런 태도에 대해 경고했다(4:12-13). 하나님은 그런 태도를 혐오하신다(사 29:13).

하나님은 그런 태도를 취하는 사람을 속이는 자, 곧 짐승 떼 가운데 수컷이 있는데도 눈멀고 다리를 저는 것을 바치는 자로 여겨 저주하신다(말 1:14). 그런데 거룩한 의무를 이행할 때 믿음을 활용하지 않으면 그런 잘못을 저지를 수밖에 없다. 오직 믿음을 온당하게 활용해야만 "짐승 떼 가운데 수컷"과 같이 하나님이 기뻐 받으시는 예배를 드릴 수 있다. 믿음이 없으면 우리의 예배는 "눈멀고 다리 저는 것", 곧 사악하고 부정한 행위가 되고 만다.

의무를 소홀히 하거나, 아무런 목적 없이 쓸데없이 의무를 늘려 거기에 관심을 기울여 곤란을 자초하거나, 헛된 노력을 일삼는 것은 매우 안타까운 일이다. 그리고 그런 의무들이 하나님의 영광을 욕되게 할 뿐 아니라 마음의 강퍅함과 형식주의를 더욱 부추겨 영혼을 파멸로 이끄는 것은 더더욱 안타까운 일이다.

성경은 "너희는 떨며 범죄하지 말지어다 자리에 누워 심중에 말하고 잠잠할지어다"(시 4:4)라고 명령한다. 하나님을 우상이 아닌 하나님으로 영화롭게 할 수 있는 마음 상태가 갖추어질 때까지 믿음을 활용하기를 결코 중단하지 말라.

•

넷째, 예배의 의무를 통해 하나님과 관계를 맺을 때 무엇에 관심을 기울여야 하는지 항상 기억해야 한다.

관심을 기울여야 할 것은 두 가지다. 하나는 하나님의 영광과 관련된 일이고, 다른 하나는 우리 자신의 영혼과 관련된 일이다. 이런 일들을 마음속으로 항상 의식하지 않으면 의무를 이행할 때 믿음을 올바로 활용할 수 없다.

이 두 가지에 대한 긴밀한 관심과 깊은 의식이 없으면, 기도에 믿음을 활용하고 있는지 알기 어렵다. 그러면 단지 형식만을 일삼게 된다. 가장 훌륭한 기도는 이 두 가지를 의식하며 하나님께 솔직하게 표현하는 것이다. 만일 그런 의식이 없으면 무슨 말을 하거나 어떤 자세를 취하더라도 기도를 드리는 것이 아니다. 이 두 가지를 염두에 두고 계속해서 생각하고 마음을 기울이면 하나님께 나아갈 때마다 믿음이 역사할 것이다.

기도할 수 없는가? 하나님의 영광과 자신의 영혼에 관한 일들을 마음에 채우라. 그러면 기도하는 법을 알게 될 것이다.

다섯째, 의무를 이행하려는 열심을 방해하는 경험들과 요인들을 경계하라.

하기 싫은데 마지못해 하는 태도, 육신의 피로, 산만한 마음, 어리석은 공상, 생각 속에 떠오르는 이런저런 생활의 문제 등이 여기에 포함된다. 그런 방해 요인들을 제거하고 경계하지 않으면, 우리의 생각에 그리고 믿음을 활용하는 데 해로운 영향을 줄 것이다.

여섯째, 마지막으로 가장 중요한 규칙은 그런 모든 의무를 이행할 때 항상 주의 깊게 그리스도를 생각하고, 그분의 직임을 기억하는 것이다.

그리스도께서는 하나님의 집을 관장하는 대제사장이시다. 항상 그분의 인도 아래, 그분을 통해 하나님께 나아가야 한다. 교회의 기도와 간구를 하나님께 바치는 것이 그리스도의 사역이다. 오직 믿음으로만 그리스도께 우리를 위한 중보 기도를 부탁드릴 수 있다. 거룩한 예배의 의무를 이행할 때마다 우리는 우리의 대제사장이신 그분을 힘입어 하나님께 나아간다.

이 일에 믿음을 활용하려고 노력하지 않는 것은 그리스도를 조롱하는 것이요, 우리가 시도조차 하지 않은 일을 마치 하는 것처럼 시늉만 내는 것이다. 이보다 더 그리스도와 그분의 직임을 멸시하는 것은 없다. 이보다 더 그분의 사랑을 무시하는 것도 없다.

그리스도께서 우리의 모든 의무에 깊이 관여하고 계심을 옳게 고려해야만 믿음을 온당하게 활용할 수 있다. 우리는 중보자의 직임을 수행하시는 그리스도를 통해 하나님을 믿는다. 마음속에 그리스도에 대한 올바른 생각이 가득하다면, 구원하는 믿음이 조금이라도 존재한다면, 우리의 유익과 복을 위해 믿음이 올바른 기능을 발휘할 것이다.

이런 일들은 우리가 모든 거룩한 의무를 이행할 때 우리를 고무해 믿음을 활용하게 하는 데 도움을 준다. 영혼 안에 이 믿음에 대한 경험이 있으면 그 증거를 볼 수 있고, 유혹과 시련 속에서도 도움과 위로를 받을 수 있다.

어떤 사람들은 기도에 재능이 없어서 간절함과 열정을 다해 스스로를 표현할 수 없다며, 자신이 믿음으로 기도를 드리고 있는지 알 수 없다고 말한다. 그런 생각은 잘못되었다. 왜냐하면 은혜는 재능이 부족한 곳에서 매우 강하게 나타날 때가 많기 때문이다.

어떤 사람들은 기도하기 위해 함께 모인 사람들이 기도에 재능이 없어서 은혜로운 시간을 함께하기가 어렵다고 불평한다. 그러나 나는 그에 대해 다음과 같은 반론을 제기하고 싶다.

하나, 사람들마다 기도의 은사가 크게 차이가 나는 것은 사실이다. 어떤 사람들은 기도로 덕을 세우는 일에 남달리 뛰어난 능력을 발휘한다.

둘, 그러나 우리는 섭리 안에서 이 사람들과 기도하기로 부르심을 받았다. 이것은 의무이다. 따라서 우리는 잘못된 선택으로 부적절한 사람들이 모였다는 듯 불평할 수 없다.

셋, 기도의 은사가 아무리 부족하더라도 기도를 통해 그들의 마음속에서 은혜가 역사한다면, 우리의 마음속에서도 은혜가 역사하기 마련이다. 물론 기도에 은혜의 증거가 전혀 드러나지 않는다면 어려운 상황인 것이 분명하다.

넷, 기도의 실질적인 내용이 무엇인지를 인지하고, 믿음을 활용하기 위해 기도의 주제에만 관심을 집중하라. 그러면 믿음이 그 고유한 기능을 발휘할 것이다.

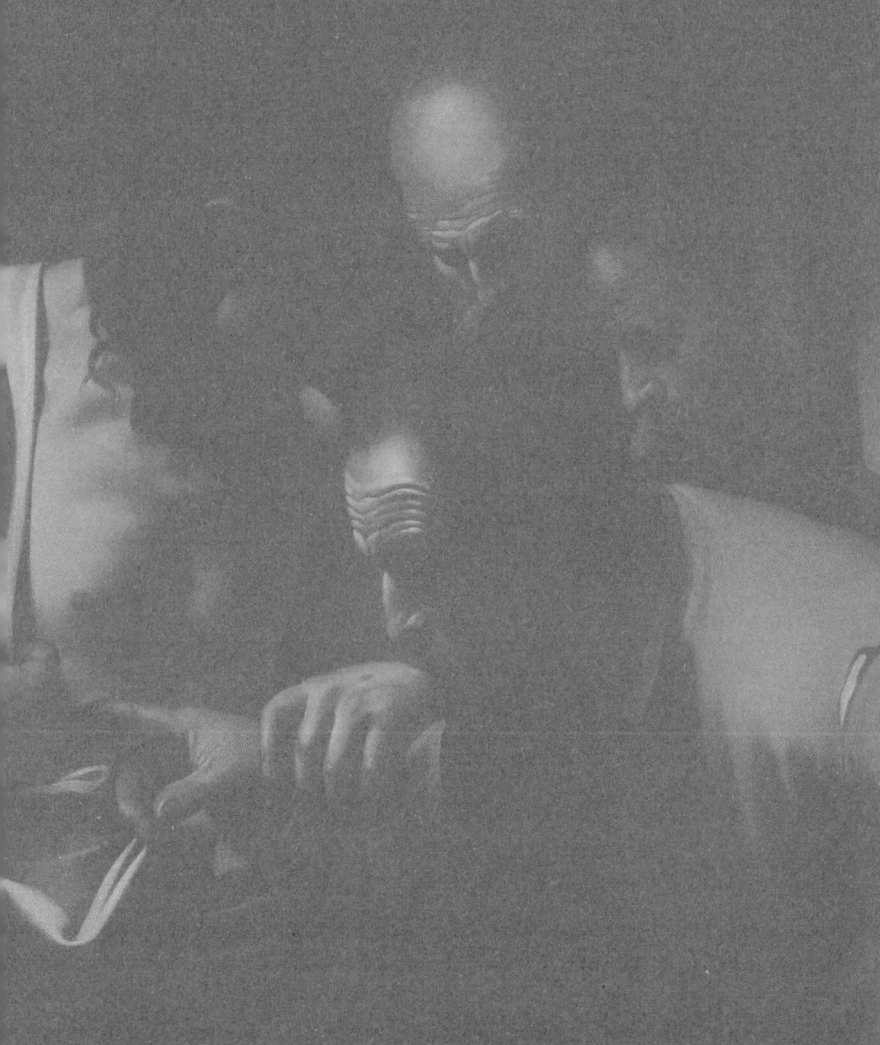

Fourth Evidence

Bringing the Soul into a Special State of Repentance

4

네 번째 증거

구원하는 믿음은 영혼을
특별한 회개의 상태로 이끈다

이번에는 구원하는 믿음이 특별한 경우에 자신을 드러내는 방식, 곧 영혼을 특별한 회개의 상태로 이끄는 방식에 대해 잠시 알아보려고 한다. 다음 세 가지 질문에 묻고 대답하며 알아보기로 하겠다.

하나, 특별한 회개의 상대란 무엇을 말하는가?

둘, 어떤 때 어떤 경우에 어떤 사람에게 믿음이 그러한 기능을 발휘하는가?

셋, 이 특별한 회개의 상태는 어떤 의무들을 요구하는가?

특별한 회개의 상태란 무엇을 말하는가?

특별한 회개의 상태란, 복음으로 인한 회개의 은혜와 의무를 의미하지 않는다. 물론 복음으로 인한 회개도 참 신앙과 떼려야 뗄 수 없는 것이다. 구원을 받으려면 믿음은 물론, 이 회개가 반드시 필요하다. 죄를 진정으로 뉘우치지 않는 사람은 아무리 신앙을 고백해도 참 신자라 말할 수 없다.

그러나 여기에서 내가 말하는 것은 모두에게 해당하지 않는 특별한 회개, 곧 믿음이 때로 그것을 통해 그 능력과 진정성을 드러내는 회개의 상태를 가리킨다.

이 특별한 회개의 상태는 복음으로 인한 회개와 그 본질이 같다. 두 종류의 참된 회개가 따로 존재하는 것도 아니고, 진정으로 회개한 사람들의 상태가 서로 다른 것도 아니다. 그러나 이 특별한 회개의 상태는 그 습관이나 원인, 열매와 결과에 있어 복음으로 인한 회개보다 그 정도가 좀 더 뛰어나다.

복음적인 은혜의 능력과 역사는 그 정도가 매우 다양하다. 이 은혜에 뛰어난 사람이 있으면, 또 저 은혜에 뛰어난 사람이 있다. 예를 들어 아브라함과 베드로는 믿음이 뛰어났고, 다윗과 요한은 사랑이 뛰어났다. 또 원인과 경우에 따라 어떤 은혜가 좀 더 크게 부각되어 나타나기도 한다.

우리는 상황에 따라 의무를 이행함으로써 하나님을 영화롭게 하고 우리의 영혼을 유익하게 한다. 야고보는 "너희 중에 고난 당하는 자가 있느냐 그는 기도할 것이요 즐거워하는 자가 있느냐 그는 찬송할지니라"(약 5:13)고 말했다. 다양한 상태와 상황이 여러 가지 특별한 은혜의 사역과 특별한 의무의 성실한 이행, 특히 회개를 요구한다.

어떤 사람들이 이 특별한 회개의 상태를 필요로 할까?

이 특별한 회개의 상태가 요구되는 사람들에 대해 잠시 생각해 보자. 모두 여섯 부류로 나눌 수 있다.

첫째, 자신의 부패함과 유혹 때문에 불시의 공격을 받고 큰 죄를 지은 사람들이다.

구약 성경과 신약 성경 모두에서 그런 전례들이 확인된다. 참 신자도 부정함, 술 취함, 폭식, 도적질, 고의적인 거짓말, 압제, 박해 아래에서 신앙을 부인하는 것과 같은 죄를 저지를 수 있다. 초기 교회는 그런 사람들은 회개의 상태에서 믿음이 역사해야만 회복될 수 있다고 믿었다. 베드로의 경우처럼 그런 죄는 큰 슬픔을 느끼게 한다. 근친상간의 죄를 지은 고린도 교회의 신자도 "너무 많은 근심에 잠길"(고후 2:7) 위험이 있었다. 갑작스레 그런 죄를 저지르면 베드로의 경우처럼 즉시 수치심과 뉘우침을 통해 회복을 이루려고 믿음이 역사하기 시작한다.

죄를 자각하지 못한 탓에 죄의 권세 아래 너무 오래 지배당한 사람은 다윗의 경우처럼 나중에 호된 대가를 치러야 한다. 그러나 그런 경우에 믿음은 대개 단지 부러진 뼈를 맞추는 것(즉 하나님과 양심의 평화를 회복하는 것)으로 만족하지 않고, 한동안 죄를 뉘우치는 겸손한 심령 상태, 통회하는 태도, 절실한 회개의 마음을 갖도록 인도한다. 믿음은 자신이 저지른 죄의 본질, 당시의 상황과 심각함, 하나님께 대한 부끄러운 마음, 성령의 탄식, 그리스도를 욕되게 한 것 등을 똑바로 기억하게 한다.

믿음이 그런 기능을 하지 않는다면 큰 죄로부터 올바른 회복이 이루어졌는지 매우 의심스럽다. 큰 죄를 적당히 무마한 후[1] 또다시 넘어질 만한 두렵고 위험한 상태에 처하는 사람이 있는데, 그런 깨우침을 얻지 못했기 때문이다. 불시에 부패함과 유혹의 공격을 받고 큰 죄를 저질렀다가 슬퍼하며 회개함으로 회복을 이룬 듯 보이는 사람을 생각해 보라. 만일 그가 회개의 멍에를 끊는다면 또다시 쉽게 죄를 짓게 될 테고, 그때에는 영영 회복이 불가능할 수도 있다. 안전하게 걸으려면 천천히 조심해서 걸어야 한다.

둘째, 추문과 비방을 야기하는 죄를 저지른 사람들이다.

구원하는 믿음의 불꽃이 매우 미약한 사람들이 이런 죄를 저지를 가능성이 높다. 하나님의 백성이 그런 죄를 저지르면 다윗의 경우처럼(삼하 12:14) 하나님이 크게 분노하신다(겔 36:20, 롬 2:24 참조). 추문은 사람들이 그 죄를 잊지 않고 기억하게 한다.

구원하는 믿음은 은혜를 입은 영혼이 회개하게 하는 모든 행위와 의무의 원천으로 작용한다. 다윗도 평생 그랬고, 막달라 마리아도 그랬을 것이다. 그런 일이 발생하면 믿음은 겸손히 통회하는 마음을 갖게 하고, 교만과 거만함과 부주의와 나태를 경계하도록 도와준다.

믿음은 자기 성찰을 통해 경건한 슬픔과 수치심을 느끼게 하고, 마음을 크게 겸손하게 한다. 이 모든 것이 회개의 상태에서 이루어진다. 자기 죄로 인한 추문을 쉽게 잊는다는 것은 믿음의 진실성이 그만큼 부족하다는 증거다.

셋째, 혼란과 어려움을 야기하는 정욕과 부패에 사로잡힌 사람들이다.

그런 부패함은 유혹과 결탁해 종종 영혼을 해치고 더럽히고 불안하게 한다. 그러면 영혼은 탈진상태가 되어 구원을 부르짖는다(롬 7:24). 영혼이 그런 상태에 처했을 때는 믿음이 죄의 기만과 난폭함을 저지하기 위해 기도를 독려하고, 부지런히 깨어 경계하게 한다.

그러나 그것이 전부가 아니다. 믿음은 거기에서 멈추지 않는다. 고통과 위기의식을 일깨워 경건한 슬픔과 수치심을 느끼게 한다. 계속해서 회개의 상태를 유지하지 않으면 그런 싸움에서 끝까지 버티거나 평화를 지켜내기 어렵다. 마음속에서 부패함이 마구 날뛰고 있는데 의무와 소임을 다할 수 있다고 생각하며 승리나 평화를 얻으려는 것은 큰 착각이다. 이런 사람들은 특별한 회개의 상태가 다른 사람들보다 더 절실히 필요하다.

넷째, 자신이 살고 있는 지역과 시대의 죄를 탄식하는 사람들이다.

그들은 하나님을 모욕하는 행위의 결과와 그로 인한 심판을 진지하게 생각한다. 이 특별하고 영예로운 의무를 이행해야 할 때가 있는데, 예를 들어 오늘날처럼 교회가 크게 부패하고, 온갖 종류의 사람들이 대놓고 가증한 행위를 일삼는 시대가 그런 때에 해당한다. 하나님은 에스겔 9장 4절에서 말씀하셨듯이 이 의무를 이행하는 사람을 매우 귀하게 여기신다. 이런 탄식을 하는 사람들은 세상에 환란과 재난이 몰아닥칠 때도 하나님의 특별한 보호를 받는다.

안타깝게도 우리는 대부분 이 의무에 소홀하다. 지금 우리가 살펴보는 특별한 회개와 뉘우침의 상태가 없으면, 이 의무를 위해 요구되는 심령 상태를 갖추거나 그것을 옳게 이행하기가 불가능하다. 이 회개가 없으면 그런 것들을 생각하더라도 일시적일 뿐, 마음에 지속적인 영향을 미치지 못한다. 그러나 우리의 영혼이 그런 영적 상태를 유지한다면 언제라도 의무를 이행할 준비를 갖출 수 있다.

다섯째, 솔로몬이 전도서에서 증언한 대로 인생의 대부분을 살고 나서 세상의 것을 좇는 것이 헛되다는 사실을 깨달은 사람들이다.

지금까지 살아오면서 겪은 여러 가지 상황과 사건들을 돌이켜 보니 슬픔과 고통뿐이었다고 생각하는 사람들이 있다. 욥처럼 가장 훌륭하고 선한 사람들도 얼마든지 그런 생각을 가질 수 있다.

또 어떤 사람들은 인생을 살아오면서 다른 사람들에 비해 좀 더 큰 만족을 누렸지만, 지난날을 돌아보니 그런 만족을 통해 얻은 위로가 지극히 미미했다는 것을 깨닫는다. 그들은 "그런 것들은 아무것도 아니야. 이제는 그런 것에 대한 기대를 모두 버릴 때가 되었어."라고 생각한다. 그런 사람들은 이 특별한 회개의 의무를 이행하며 남은 삶을 애통해하는 마음으로 지낼 필요가 있다.

여섯째, 마음에 상처를 입고 그리스도의 사랑에 깊은 감명을 받은 사람들이다.

이들은 그리스도 없이 사는 것을 더는 감당할 수 없다 느끼며, 또 그분에게서 멀어지게 하는 일들을 더는 기뻐하지 않는다. 바울은 "우리가 담대하여 원하는 바는 차라리 몸을 떠나 주와 함께 있는 그것이라"(고후 5:8)는 말로 그런 상태를 묘사했다 (2, 4, 6절 참조).

이들은 신랑이신 그리스도가 없을 때 발생하는 모든 악을 철저히 의식하고, 애통하는 마음으로 살아간다. 이들은 살면서 저지른 많은 죄와 어리석음을 끊임없이 반성한다. 이들의 마음에는 그리스도를 향한 뜨거운 감정이 가득하기에 항상 겸손하고 애통하는 마음으로 그분 앞에 나아간다.

주 예수님께 그런 사랑을 느낀 사람들은 다른 한편으로 항상 자기 안에 기뻐할 수밖에 없는 이유를 간직하고 있다. 그래서 특별한 회개와 뉘우침의 상태가 그리 절실하게 필요하지 않을 수 있다. 그들은 기뻐해야 할 이유를 알고 있고, 또 그들 안에서는 그리스도의 형상이 날마다 더욱 뚜렷하게 형성된다(갈 4:19).

그러나 그리스도 안에서 느끼는 영적인 기쁨과 죄에 대한 경건한 슬픔은 서로 모순되지 않는다. 경건한 슬픔을 끊임없이 느끼지 않으면 이 세상에 있는 사람들 가운데 그 누구도 마음속에서 확고한 기쁨을 유지할 수 없다. 경건한 슬픔 안에는 은밀한 기쁨과 위로가 존재한다. 신자는 영적으로 크게 만족할 때 더할 나위 없는 기쁨을 느낀다.

이 특별한 회개의 상태는 어떤 의무들을 요구하는가?

이 은혜로운 상태가 어떤 상태이고, 어떤 의무들을 요구하는지 살펴보기 전에, 먼저 이 의무와 관련해 우리 자신을 옳게 평가하기 위한 세 가지 규칙을 알아보자.

첫째, 이룬 것이 미미할지라도 믿음은 진지하게 목표를 추구함으로써 자신의 존재를 나타낸다.

목표를 온전히 추구하기에 부족한 점이 많다는 의식은 이런 심령 상태의 중요한 요소 가운데 하나다. 비록 실패하거나 발전이 없더라도 목표를 진지하게 추구한다면 그 믿음이 진실하다는 증거다.

둘째, 앞으로 살펴보겠지만 이 회개의 상태는 몇 가지 의무를 요구한다.

그러나 이 회개의 상태를 유지하는 사람들이 그런 의무를 모두 같은 정도로 이행하는 것은 아니다. 이 의무에 뛰어난 사람도 있고, 저 의무에 뛰어난 사람도 있다. 또 어떤 사람은 큰 장애에 부딪쳐 답보상태인데 어떤 사람은 큰 발전을 이룬다. 그러나 이런 요소들은 항상 마음속에서 우러나야 하고, 또 적절한 때에 활용되어야 한다.

셋째, 이 회개의 상태는 마음에서 느끼는 불만족과 다르다.

어떤 사람들은 세상에서 실망하고 지쳐 불만을 느끼고 생명의 기회를 멀리한 채 다른 사람들을 원망한다. 그런 심령 상태는 그들을 왜곡된 길로 이끈다.

첫 번째 요구 : 세상을 멀리하라

이 특별한 회개의 첫 번째 요구는 세상을 멀리하라는 것이다. 대다수 사람들은 알려진 몇 가지 죄만 피하면 인정받을 수 있다고 생각하고, 자신이 세상에 얼마나 많이 집착하고 있는지 신경 쓰지 않는다. 그들은 세상의 일과 용무에 매달려 거기에 마음과 감정을 온통 기울이면서 겉으로만 엄격한 삶을 살아가는 척한다. 그러나 우리가 지금 살펴보는 믿음의 사역은 자아를 죽이고 세상을 멀리하는 것에서부터 시작된다.

고대에는 많은 사람이 엄격한 금욕과 속죄의 방법들을 창안했다. 그들은 세상을 부정하는 것을 금욕의 토대로 삼았다. 그러나 그들은 대개 세 가지 실수를 저질렀고, 그 바람에 모든 노력이 수포가 되고 말았다.

첫째, 그들은 반드시 지켜야 할 자연적이고 도덕적인 의무를 무시했다.

구체적으로 말해 부모, 자녀, 남편, 아내에 대한 책임 같은 자연적인 책임을 외면한 채 홀로 은거했다. 이것은 인간 사회뿐 아니라 기독교가 부여하는 사회적 책임을 전면 부인하는 것이다. 그들은 그런 식의 삶을 선택함으로써, 사랑의 열매로 모든 사람을 존중하는 것과 같은 가장 중요한 기독교적 의무를 불가능하게 했다. 그들은 하나님의 섭리에 의해 주어진 어떤 상황이나 장소에서도 더는 아무런 유익이나 도움을 제공하지 못했다. 그런 방법으로는 하나님의 복을 조금도 기대하기가 어렵다.

우리가 말하는 초연한 삶은 그런 것을 요구하지 않는다. 기독교적 의무는 우리의 영적 생활을 방해하거나 우리를 다른 사람들에게 무익한 존재로 만들지 않는다. 우리는 세상에 사는 동안 세상을 남용하지 않고 이용해야 한다. 우리는 기회가 있을 때마다 모든 사람에게 선을 행해야 한다.

세상을 가장 멀리하는 사람이 삶의 의무를 가장 잘 감당할 수 있다. 육체의 건강이나 힘이 약해졌다면 모를까 그렇지 않은데도 다른 사람들을 유익하게 하지 않는다면 크나큰 잘못이 아닐 수 없다.

둘째, 그들은 성경이 요구하지 않는 의무를 이행했다.

예를 들어 외형적인 예법, 금식, 음식 제한, 의식적인 기도 시간, 육체적인 고행, 금욕적인 행위 등이다. 이 방법은 그런 것들을 지나치게 세심하게 미신적으로 준수하는 결과를 낳았다. 그로 인해 수많은 해악이 발생했다. 믿음은 그런 의무를 요구하지 않는다. 믿음은 말씀의 규칙에 따른 의무 외에 그 어떤 의무도 짐 지우지 않는다.

셋째, 그들은 맹세를 통해 그들의 지도자들이 부여한 가식적인 종교 생활의 의식과 규칙에 스스로를 옭아맸다.

이것은 그들의 모든 노력을 헛되게 만들었다. 그러나 그들의 본래 의도는 선했다. 왜냐하면 하나님 앞에서 겸손히 행하는 일을 방해하는 요소들을 제거하고자 세상을 부정하려 했기 때문이다.

우리는 그리스도의 십자가를 통해 세상에 대해 못 박혀야 하고, 세상은 우리에 대해 못 박혀야 한다. 믿음으로 겸손히 회개하며 살아간다면 올바른 방법으로 세상을 멀리할 수 있다. 그러려면 다섯 가지가 필요하다.

첫째, 세상의 바람직한 것들을 원하는 감정을 죽여야 한다.
이 감정은 천성적으로 매우 예리하고 날카로우며, 세상의 것을 몹시 원하고 거기에 끈덕지게 집착한다. 특히 남편, 아내, 자녀처럼 친밀한 인간관계를 통해 우리 마음을 사로잡는다. 우리는 가족이나 친구들에 대한 사랑이 항상 부족하고, 그들에게 해준 것이 항상 충분하지 않다고 생각하는 경향이 있다. 우리는 이런 관계를 세상의 그 어떤 복보다도 소중히 여긴다.
그러나 이런 감정이 우리의 마음을 가득 채우고 장악한 탓에 신령하고 영원한 하늘의 것을 사모하는 감정이 약해지고 둔해진다면, 우리가 추구해야 할 회개를 통해 은혜롭고 선한 심령 상태를 유지하기 어렵다. 우리는 심지어 이런 바람직한 세상의 것들도 죽어야 한다.

우리는 또한 부와 번영과 평화와 같은 세상의 유익한 것들은 아무리 귀하게 여기고 열심히 추구해도 결코 지나치지 않다고 생각한다. 그러나 세상을 멀리할 생각이 있다면 여기에서부터 출발해야 한다. 그런 것들을 사모하는 감정부터 먼저 제거해야 한다. 그러기 위해서는 세 가지가 필요하다.

하나, 세상의 것들이 우리에게 만족이나 안식을 주기에는 매우 불확실하고 공허하고 무능력하다는 것을 항상 분명하게 의식해야 한다. 성경은 세상의 부와 즐거움이 불확실하고 쉽게 사라질 것이라고 가르친다. 그것들은 덧없는 올무요 짐이요 장애물이다. 이를 항상 기억한다면 세상의 것들을 통해 기쁨과 만족을 얻으려는 생각이 갈수록 줄어들 것이다.

둘, 항상 십자가에 못 박히신 그리스도께 복종하려고 노력해야 한다. 우리는 그리스도를 통해 세상과 그 안에 있는 모든 것에 대해 못 박혔다(갈 6:14). 구원하는 믿음의 불꽃이 조금이라도 있다면, 그리스도와 그분이 죽으신 방법과 목적을 생각하는 마음이 생겨나 세상의 바람직한 것들을 즐겁고 우호적인 눈길로 바라보지 않게 될 것이다. 그것들이 죽어 퇴색한 것으로 보일 것이다.

셋, 항상 영적이고 영원한 것을 생각해야 한다. 나는 이 점을 다른 곳에서 다루었다.[2] 바울은 골로새서 3장 1-5절에서 이런 조언을 모두 다루었다. 그는 그곳에서 위의 것을 찾으라고 권고했다.

그렇게 하면 믿음이 역사하기 시작한다. 자기를 죽이는 과정의 중요한 요소 가운데 하나인 자기 부정은 믿음을 통해 깨닫는 복음의 첫 번째 교훈이다. 믿음은 자기 부정을 통해 우리를 괴롭히는 온갖 죄와 무거운 짐을 벗어버리려고 노력한다. 이 중요한 회개의 의무를 좀 더 잘 이행하려면 이 부분에서 어느 정도 발전이 있어야 한다.

위에서 제시한 조언이 조금이라도 마음에 와닿는가? 이 의무의 이행과 믿음의 사역이 필요하지 않겠는가? 마음을 세상에서 멀리하지 않으면, 감정과 욕망을 어느 정도 분명하게 십자가에 못 박아 죽이지 않으면, 날마다 올바른 심령 상태를 유지하려고 노력하지 않으면, 이 의무에 전혀 낯선 사람처럼 살다가 죽게 될 것이다. 이 점을 깊이 생각하라.

둘째, 세상의 것들을 원하는 감정을 죽이면, 두려움과 분노와 슬픔과 같은 격정이 완화되고, 사랑과 소망과 기쁨이 생겨난다.

사람들은 변화와 실패와 시련을 겪을 때 그런 격정에 시달린다. 우리는 그런 감정에 사로잡히기 쉽다. 모든 것을 마음에 담

아두고, 마치 자기 외에는 아무도 그런 일을 경험하지 못했다는 듯 자신의 고통과 절망을 과장한다. 우리는 모든 일에 쉽게 동요한다. 따라서 삶에 무슨 문제라도 생기면 사소한 것에도 놀라며 분노하고, 두려움을 비롯해 여러 가지 혼란스런 감정에 영향을 받는다. 이것이 사람들이 매사에 침울하고 성마르고 조급하며 쉽게 짜증과 화를 내는 이유다.

믿음은 그런 마음의 상태를 완화시키고 그런 그릇된 성향과 태도를 버리게 하는 역할을 한다. 세상과 세상의 것들을 멀리하면, 일상에서 일어나는 문제와 사건들에 쉽게 흔들리지 않고, 차분하고 조용하고 침착한 마음을 유지할 수 있다. 다시 말해 생각이 그런 일들에 영향을 받지 않고 무덤덤하게 지나칠 수 있다.

이것이 사도가 우리에게 권고한 "관용"(빌 4:5)이다. 바울은 관용은 매우 뛰어난 자질이므로 "모든 사람(우리를 아는 모든 사람, 즉 가족이나 친구를 비롯해 우리와 관계를 맺고 있는 모든 사람)에게" 알려야 한다고 말했다. 관용은 우리를 이 세상에서 가장 유용하고 모범적인 사람으로 만든다. 그리스도인을 자처하면서도 관용이 없는 사람은 자기 자신과 다른 사람들을 불안하게 하고, 세상 사람들에게 비난의 빌미를 제공한다. 하나님은 모든 신자에게 세상의 것들을 미워하라고 요구하신다. 특히 특별한 회개의 상태를 위해 믿음으로 세상의 매력을 거부한다면, 이 관용을 더욱 분명하게 나타낼 수 있다.

셋째, 세상을 멀리하려면 현재의 상황과 미래의 일을 불안해하는 마음을 버려야 한다.

아무것도 염려하지 말고, 내일 일을 걱정하지 말고, 모든 것을 하나님의 주권적인 뜻에 맡기라는 것이 성경의 가장 지엄한 명령이다. 하나님은 우리의 모든 것을 돌보신다. 생각할 필요조차 없는 일들이 인간의 헛된 허영심 때문에 큰 골칫거리가 될 때가 많다. 공적인 일이나 사적인 일에 대한 사람들의 생각과 계획은 현재의 상황을 염려하고 미래의 일을 걱정하는 마음에 큰 영향을 받는다.

그러나 믿음으로 세상을 멀리하고 회개의 상태를 유지하면 불안을 떨쳐버릴 수 있다. 세상을 멀리하면 심령이 견고하고 안정되어 하나님의 기쁘신 뜻에 모든 것을 맡길 수 있다. 그렇게 되면 어떤 일이 일어날지 몰라 불안해하는 마음에서 온전히 벗어나, 세상의 것을 남용하지 않고 적절하게 이용할 수 있다. 주님은 마태복음 6장 25-34절에서 이 점을 길게 언급하면서 그렇게 해야 할 여러 가지 이유를 가르쳐 주셨다.

넷째, 세상을 멀리하려면 항상 일상의 일과 의무보다 신앙의 의무를 우선시해야 한다.

깨어 부지런히 경계하지 않으면 일상의 일과 의무가 끊임없이 우리를 방해하며 우선순위를 다툴 것이다. 무엇이 우선순위를 차지할지는, 우리가 무엇을 얼마나 중요시하고 또 얼마나 많은 관심을 기울이는지에 달려 있다.

세상에 대한 관심이 마음을 지배하면 신앙의 의무보다 일상의 의무를 더 중요시하게 될 것이다. 그러면 신앙의 의무는 한가할 때나 달리 할 일이 없을 때 하는 일로 전락할 것이다. 그러나 영적인 일에 대한 관심이 마음을 지배하면 그런 일은 결코 일어나지 않을 것이다. 복되신 구세주께서는 "너희는 먼저 그의 나라와 그의 의를 구하라"(마 6:33)고 명령하셨다.

물론 이것은 상황을 불문하고 반드시 지켜야 하는 규칙은 아니다. 안식일에도 짐승이 구덩이에 빠졌을 때는 구해야 한다. 그런 경우에는 제사보다 긍휼이 앞선다. 그러나 일반적인 상황에서는 신앙의 의무를 일상의 의무보다 우선시해야 한다. 사소한 변명을 앞세워 신앙의 의무를 소홀히 하거나 적절하지 않은 때로 미루어서는 안 된다.

세상을 멀리하려면 항상 깨어 기도해야 한다. 세상을 멀리해야만 겸손과 회개를 통해 괄목할 만한 성장을 이룰 수 있다.

다섯째, 세상을 멀리하려면 그리스도와 복음을 위해 기꺼이 모든 것을 포기해야 한다.

이것이 곧 자기를 부인하고 십자가를 짊어지는 것이다. 이는 참으로 고무적인 원리이자 위대한 의무가 아닐 수 없다. 진지하고 기꺼운 태도로 이 의무를 이행하려는 마음이 없다면 그리스도의 제자가 될 수 없다. 이 특별한 회개의 상태는 그런 태도를 요구한다.

그리스도께서는 그 무엇도 그분보다 더 사랑해서는 안 된다고 가르치셨다. 이 가르침을 거스르는 것은 무엇이든 기꺼이 거부할 수 있어야 한다. 하나님이 요구하시는 것을 이행하겠다고 마음으로 굳게 결심하고, 세상을 버리고, 그리스도와 복음을 위해 온전히 헌신해야 한다. 우리의 말이나 태도가 기껍지 못하다면 그런 결심이 부족하다는 증거다. 따라서 여기에도 믿음의 사역이 필요하다.

두 번째 요구 : 지난날의 죄를 기억하고, 스스로를 미워하라

이 특별한 회개의 두 번째 요구는 지난날의 죄를 기억하고 반성하며, 스스로를 미워하고 불만족스럽게 여기라는 것이다. 하나님은 "내가 그들의 불의를 긍휼히 여기고 그들의 죄를 다시 기억하지(징벌하시) 이니하리라"(히 8:12)고 약속하셨다. 그러나 그렇다고 해서 우리까지 죄를 기억하지 말아야 한다는 뜻은 아니다. 오히려 우리는 죄를 기억하고, 겸손한 마음을 지녀야 한다.

죄를 기억하지 않으면 회개할 수 없다. 따라서 회개의 심령을 유지하려면 죄를 늘 기억해야 한다. 시편 저자는 "내 죄가 항상 내 앞에 있나이다"(51:3)라고 말했다. 사람들이 지난날의 죄를 기억하는 방법은 크게 세 가지로 나뉜다.

첫째, 어떤 사람들은 지난날의 죄를 기억하면서 만족과 기쁨을 느낀다.

방탕한 죄인들은 젊은 날의 정욕을 더는 채울 수 없는 상황이 되면 과거에 지은 죄를 곰곰이 되새기면서 말로 그때의 즐거움을 표현한다. 그들은 기력이 쇠했거나 기회가 없는 탓에 그런 일을 다시 저지를 수 없게 된 것을 안타까워한다. 그들의 사악함은 나이가 들수록 깊어져 몸과 마음이 젊은 시절의 죄로 온통 물든 상태다. 이런 죄인들은 더러운 대화를 나누고, 추잡한 교제를 일삼으며, 정욕을 한껏 자극한다. 이것은 마음이 완전히 타락해 더는 회개가 불가능하다는 두려운 징후가 아닐 수 없다.

둘째, 어떤 사람들은 죄를 기억함으로써 불안과 공포와 절망에 시달린다.

인간의 양심이 뜨거운 인두로 시꺼멓게 그을리지 않은 이상, 죄를 지은 일이 이따금 떠올라 마음을 불편하게 만들기 마련이다. 죄로 인해 상황이 악화되어 가는 경우에는 특히 더 그렇다. 이런 사람들은 죄의 기억을 달갑지 않은 방문객처럼 여겨 회피하려고 애쓴다. 다시 말해 죄를 직시해 올바르게 처리하지 않고, 마치 무일푼의 채무자처럼 헛된 푸념과 생각을 늘어놓으면서 차일피일 미루기만 한다.

그러나 때로는 더 미룰 수 없는 상황에 직면한다. 하나님의 율법이 체포 영장을 들고 와서 그들을 법정에 세워 심문하는 순간, 절망과 공포와 불안이 사정없이 그들을 엄습한다. 그러면 그들은 주의를 딴 데로 돌려 거기에서 벗어나기 위해 자신의 정욕 속으로 더욱 깊이 숨는다. 창세기 4장 13, 16, 17절에 나오는 가인이 대표적인 사례다.

셋째, 어떤 사람들은 죄를 기억하고 회개한다.

이 경우, 죄는 영혼을 비추는 삼중 거울과 같은 역할을 한다.

하나, 영혼은 자신의 죄를 통해 부패한 본성, 곧 그런 열매를 맺은 뿌리의 악한 속성을 깨닫는다. 영혼은 죄와 사탄에게 속아 넘어간 자신의 어리석음을 깨닫고, 하나님께 감사하지 않고 불순종을 일삼은 잘못을 의식하며 거룩한 수치심을 느낀다(롬 6:21). 이는 회개에 유익하고 또 필요한 일이다. 지난날의 죄와 실패를 자주 생각하면 그렇지 않은 경우보다 더 겸손하고 신중하게 처신할 수 있다. 다윗은 노년에 젊은 날에 저지른 죄를 용서받은 일을 새롭게 기억하게 해달라고 기도했다(시 25:7 참조).

둘, 영혼은 자신의 죄를 통해 하나님의 은혜와 인내와 용서와 긍휼을 깨닫는다. 영혼은 "나는 과거에 그런 상태였어. 하나님은 나를 영원히 버리셨어야 마땅해. 내가 그런 죄를 지을 때 그분은 내게 긍휼을 부르짖을 틈도 주지 않고 단칼에 나를 베어버리실 수도 있었어. 나는 그런 죄를 오랫동안 저질러왔어. 그런 나를 용납하시다니 하나님의 인내는 참으로 무한하구나! 그런 불법을 저지른 나를 용서하시다니 하나님의 은혜와 긍휼은 진정 한량이 없구나!"라고 외친다. 이것이 시편 103편 2-4절에 묘사된 심령 상태다. "내 영혼아 여호와를 송축하며 그의 모든 은택을 잊지 말지어다 그가 네 모든 죄악을 사하시며 네 모든 병을 고치시며 네 생명을 파멸에서 속량하시고 인자와 긍휼로 관을 씌우시며."

셋, 영혼은 자신의 죄를 통해 그리스도의 보혈과 중보의 효력을 깨닫는다(요일 2:2). 영혼은 "이 죄책에서 내가 어떻게 구원받았는가? 내 죄를 용서한 은혜가 어떻게 주어지게 되었는가? 어떻게 내 영혼과 양심이 죄의 얼룩과 더러움에서 깨끗하게 되었는가?"라고 묻는다. 중보자이신 그리스도의 사랑과 은혜의 영광, 그분이 감당하신 속죄와 속전의 가치, 우리의 모든 죄를 정화하는 그분의 보혈의 능력이 신자의 마음속에 떠오른다. 그런 식으로 죄를 기억함으로써 깊은 수치심을 느끼면 하나님의 사랑과 그분과의 평화를 새롭게 의식할 수 있다.

영혼이 회개의 상태를 유지하려면 늘 죄를 기억해야 한다. 오직 믿음만이 죄 앞에서도 구원을 바라보게 한다. 믿음의 빛 외에 다른 빛은 그런 효력을 발휘할 수 없다. 다른 빛들은 두려움과 공포를 가득 채워 하나님에게서 도망칠 생각만을 하도록 부추기지만 믿음의 빛은 모든 은혜를 거룩하게 활용하도록 이끈다.

세 번째 요구 : 죄에 대해 경건한 슬픔을 느끼라

죄를 기억하고 나서는 경건한 슬픔을 느껴야 한다. 이 슬픔이 회개의 생명이요 영혼이다. 바울은 고린도후서 7장 9-11절에서 이 점을 가르쳤다.[3] 애통하는 마음과 회개하는 심령에 관한 성경의 가르침이 이 본문 안에 모두 들어 있다. 회개하는 심령은 한숨과 눈물과 단식으로 침상을 적신다. 다윗이 대표적인 경우다. 그가 본보기로 자주 되풀이되기 때문에 굳이 다른 예를 들 필요가 없다.

나는 이 점을 모두 다룰 생각은 없고, 두 가지만 언급하는 것으로 만족하고자 한다. 하나는 "경건한 슬픔은 무엇에 관심을 기울이는가?"라는 문제이고, 다른 하나는 "경건한 슬픔은 무엇으로 이루어지는가?"라는 문제다.

첫째, 경건한 슬픔은 두 가지, 곧 과거의 죄와 현재의 결함에 관심을 기울인다.

경건한 슬픔은 지난날에 지은 죄의 본질을 드러내고, 그것이 양심에 미친 해악을 일깨운다. 경건한 슬픔을 통해 과거의 알려진 죄가 모두 생각난다.

인생을 살다보면 대개는 여러 가지 이유로 인해 다른 어떤 죄보다 더욱더 깊은 상처가 남아 가장 큰 고통을 느끼게 하는 죄가 존재하기 마련이다. 경건한 슬픔은 그런 죄에 특별한 관심을 기울인다. 다윗의 경우가 그랬다. 그는 큰 잘못을 저지른 이후에 남은 인생을 사는 동안 항상 그 죄를 슬퍼했다. 그는 젊었을 때 지었던 죄들에 대해서도 똑같은 태도를 취했다.

누구나 사는 동안 종종 감정을 격동시켜 슬픔을 느끼게 하는 죄가 있기 마련이다. 경건한 슬픔은 과거의 죄를 일깨울 뿐 아니라 생각이나 행위의 실패와 나태함을 통해 나타나는 현재의 결함을 아울러 상기시킨다. 가장 훌륭한 신자도 이 결함으로부터 자유로울 수 없다. 은혜로운 영혼은 이것을 항상 슬퍼하고, 애통해하면서 이 특별한 회개의 상태를 유지해 나간다.

둘째, 경건한 슬픔은 자기반성, 수치심, 불안, 탄식, 동기 부여로 이루어져 있다.

자기반성은 경건한 슬픔의 원천이자 토대다. 거기에서 회개가 비롯한다. 바울은 자기반성이 하나님의 심판을 모면하는 길이라고 말했다(고전 11:31 참조).

영혼은 앞서 언급한 죄들과 관련해 항상 스스로를 비판하며 날마다 자기 자신에게 형을 선고한다. 거기에는 항상 슬픔과 탄식이 수반될 수밖에 없다. 왜냐하면 비록 반드시 필요한 의무이고, 그런 점에서 기꺼이 이행해야 할 일일지라도 자기반성은 기쁨이 아닌 슬픔과 고통을 자극하기 때문이다.

자기반성은 지속적인 수치심을 불러일으킨다. 자기를 반성하는 사람은 자신의 정신과 심령 상태를 알 수 있다. 자기반성은 스스로를 기쁘게 하려는 생각과 교만의 근거를 없앤다. 자기반성이 있으면 마음속에 그런 것들이 들어설 여지가 없다. 하나님은 그런 심령 상태를 좋게 보신다. 성경은 하나님이 겸손한 자를 특별히 돌아보신다고 가르친다. 하나님은 애통하며 회개하는 마음을 지닌 사람에게 관심을 기울이신다.

자기반성이 없으면 그런 겸손이 싹틀 수 없다. 자기 자신을 반성하려는 마음가짐이 없으면 어떤 생각이나 조언에 아무리 열심히 주의를 기울여도 하나님이 기뻐하시는 겸손한 심령 상태에 도달할 수 없다. 실제로는 겸손하지 않으면서 겉으로만 겸손해 보이는 경우가 많다. 몸가짐이나 태도는 겸손해 보여도 실제로 겸손하지 않으면 교만이 마음을 지배하게 된다.

또한 경건한 슬픔에는 고민과 불안이 뒤따른다. 슬픔은 고통스러운 감정이다. 그것은 인간이 바라는 마음의 평정과는 거리가 멀다. 그럼에도 불구하고 이 감정은 영적 활력과 평화를 배제하지 않는다. 왜냐하면 믿음에서 비롯했기 때문이다. 믿음은 하나님과의 평화를 거스르거나 교란하는 것을 만들어 내지 않는다.

그러나 불안은 다른 위로들과는 반대된다. 세상의 것들로는 이 불안을 해소할 수 없다. 시편 저자는 죄에 대한 슬픔을 통해 하나님께 종종 불안한 마음을 토로했다. 시편 88편에서 알 수 있듯이 그는 때로 자신을 죽은 자에게 빗댈 만큼 너무도 크고 두려운 불안을 느꼈다. 이런 불안이 영혼을 엄습할 때는 하나님 앞에 사정을 토로해야만 거기에서 벗어날 수 있다(시 102:1).

고민과 탄식과 애통의 마음은 한숨과 눈물과 애처로운 호소를 통해 겉으로 표현된다(시 31:10). 다윗은 자신의 눈물을 종종 언급했다. 베드로는 자신의 죄를 깨닫고는 심히 통곡했고(눅 22:62), 마리아는 눈물로 예수님의 발을 씻었다. 우리도 모두 그렇게 해야 한다. 슬픔이 가득한 영혼은 그런 외적인 행동으로 내면의 상태를 표현한다.

요즘에는 완전한 척, 항상 즐거워 보이기만 하는 신자들이 많다. 그러나 믿음으로 이 슬픔의 의무를 이행하는 사람은 다윗과 베드로, 마리아와 같은 외적인 행동과 태도를 취할 수밖에 없다. 인간의 타고난 기질과 본성이 그런 것에 영향을 받지 않을 정도로 강하다고 믿는 사람들이 많은 것 같아 매우 우려스럽다.

하나님이 마음을 부드럽게 해주시면 이따금 경건한 슬픔이 느껴지거나 또는 그런 슬픈 감정이 떠나지 않고 늘 마음속에 머물러 있기도 한다. 그 슬픔은 사라지는 것처럼 느껴질 때도 어느 순간 이내 또다시 채워진다. 죄에 대한 한숨과 탄식과 눈물은 인간의 본성을 거스르지 않는다. 그것은 인간의 본성에 접목된 죄를 거스를 뿐이다.

마지막으로 경건한 슬픔은 회개의 의무와 행위와 열매를 추구하도록 끊임없이 마음에 동기를 부여한다. 경건한 슬픔은 무익하거나 무기력하지 않다. 그것은 은혜요 의무이기 때문에 모든 은혜를 활용해 의무를 이행하도록 영혼을 독려한다. 바울은 고린도후서 7장 11절에서 이 점을 분명하게 언급했다.

이렇듯 경건한 슬픔은 믿음에 의해 야기된 회개의 상태를 유지하는 데 필요한 또 하나의 요구 조건이다. 만일 이 슬픔이 일정하고 효과적이라면 그가 구원하는 믿음을 소유했다는 확실한 증거다. 죄를 애통하는 사람은 복되다(마 5:4). 이는 다른 모든 증거를 합친 것만 한 가치를 지닌다고 해도 과언이 아니다. 경건한 슬픔이 없으면 다른 모든 증거도 없을 것이기 때문이다. 이런 심령 상태를 모른다면 그 영혼이 안전하다는 의미 있는 증거를 확보할 수 없다.

네 번째 요구 : 죄를 물리치기 위한 행동을 취하라

이 회개의 상태가 네 번째로 요구하는 것은 죄를 물리치기 위한 행동을 취하라는 것이다. 육체를 죽이기 위한 금욕의 실천이 한 가지 예가 될 수 있다.[4] 그러나 육체를 해롭게 해 더 큰 의무 이행을 방해하게 하는 금욕은 옳지 않다. 이 문제와 관련해 큰 실수를 저지르는 사람들이 적지 않다. 그들은 대부분 극단적인 방법에 치우치고 만다.

로마 가톨릭교회는 금욕이 회개의 필요조건이라는, 성경의 규칙에서 이탈한 신념을 처음부터 주장했다. 그들은 금욕의 본질을 잘못 생각해 바울이 위선적인 배교 행위를 예고하며 말했던 "귀신의 가르침"(딤전 4:1-3)을 실천했다. 그들은 독신(하나님이 제정하신 결혼 제도를 거부하는 서약)을 금욕에 포함시켰고, 다양한 규칙과 법칙을 정해 육식을 절제함으로써 거룩한 척했으며, 누더기 옷, 금식, 고행을 비롯해 그와 비슷한 다양한 금욕적인 행위를 추가했다.

그러나 어떤 사람들은 오래 전부터 그런 위선의 무익함을 인식하고 또 다른 극단에 치우쳤다. 그들은 육체적인 욕구를 충족시키는 것은 무엇이든 자유롭게 이용할 수 있다고 믿었다. 그들은 실제로는 경건한 슬픔과 회개가 절실한 상황인데도 모든 것을 자유롭게 이용해도 아무런 문제가 없다고 생각했다. 그러나 이 잘못은 앞의 잘못만큼이나 위험하다. 주 예수 그리스도께서는 누가복음 21장 34-36절에서 이 잘못을 경계하라고 명령하셨다.

따라서 지금 우리가 살펴보고 있는 회개의 상태를 유지하려면 육신의 욕망을 만족시키는 것을 삼가고, 유혹적인 세상의 쾌락을 멀리하며, 애통하는 태도로 진중하게 행동하고, 죄의 고통을 의식하는 겸손한 심령 상태를 표현해야 한다.

시온에서 슬퍼하는 자들은 자신의 운명과 상태를 부끄러워하지 않고, 적절한 외적 행동을 통해 그 슬픔을 표현한다. 물론 그들은 수도자 같은 몸짓과 행위 또는 일부 사람들처럼 극단적인 말과 야만적인 행동으로 표현하지 않는다. 그들은 겸손히 통회하는 내적인 심령 상태를 자연스럽게 표현한다.

다섯 번째 요구 : 홀로 있는 시간에 각별히 주의하라

이 회개의 상태가 다섯 번째로 요구하는 것은 밤이든 낮이든 홀로 있는 시간에 각별히 주의하라는 것이다. 유혹이 느껴지는 순간, 그 즉시 그것을 물리칠 준비가 되어 있어야 한다. 그래야만 영혼이 느닷없이 올무에 걸리는 일을 피할 수 있다.[5]

이 은혜를 활용하는 목적은, 겸손하고 통회하는 심령 상태를 항상 유지하고 보존하기 위해서다. 어느 때나 잠시라도 이 심령 상태에서 벗어난다면, 그 시간에 이루어지는 모든 일에 문제가 생길 것이다. 따라서 믿음은 어떤 시간에 무엇이 그런 심령 상태를 잃게 만드는지 주의 깊게 생각하도록 신자들을 독려한다.

첫째, 밤이든 낮이든 다른 시간보다 혼자 있는 시간에는 더욱 조심해서 경계해야 한다.

그런 때에 우리의 본모습이 나타난다. 혼자 있는 시간은 우리의 마음을 지배하는 원리가 그 모습을 드러내는 때이기에 최상의 시간이 될 수도 있고, 최악의 시간이 될 수도 있다.

성경은 "침상에서 죄를 꾀하며 악을 꾸미고 날이 밝으면 그 손에 힘이 있으므로 그것을 행하는 자"(미 2:1)들이 있다고 말씀한다. 그들은 낮에 저지를 악을 생각하고 계획하면서 즐거워한다. 그와는 달리 은혜가 충만한 영혼은 그런 시간에 그리스도를 찾고(아 3:1), 시편 저자가 종종 그랬던 것처럼 하나님에 대해 생각한다. 따라서 겸손한 영혼은 그런 시간에 마음속에서 헛된 상상이 일어나 한순간이라도 회개하는 심령 상태를 잃는 일이 없도록 부지런히 깨어 경계한다. 겸손한 영혼은 그런 때에 자신의 성화를 이루려고 노력한다.

이처럼 혼자 있는 시간은 죄를 기억하고 은혜를 생각하며 영혼을 겸손하게 하기에 좋은 때다.

둘째, 겸손한 심령 상태를 잃게 하는 것은 유혹이다.

유혹은 불시에 습격하거나 지속적으로 매력을 드러내 생각을 장악하려고 시도한다. 믿음으로 경계의 의무를 게을리하지 않는 영혼은 유혹의 기만성과 맹렬함을 항상 의식한다. 그런 영혼은 한순간이라두 유혹에 이끌려 그 영향 아래 놓이게 되면 자신이 보존하기 원하는 겸손하고 통회하는 심령 상태가 손상되거나 상실되는 결과가 발생한다는 것을 잘 알고 있다.

영적인 지혜가 조금이라도 있는 사람은 자신이 어떤 유혹에 가장 취약한지를 안다. 믿음은 그런 상황에 처하지 않도록 항상 깨어 경계하도록 영혼을 독려하며, 어떤 유혹이든 그 첫 순간에 단호하게 물리칠 준비를 갖추도록 돕는다. 유혹은 첫 순간이 가장 미약하다. 그때가 바로 유혹을 가장 쉽게 물리칠 기회다.

믿음이 있는 영혼은 유혹이 시간과 근거지와 세력을 확장해 나가도록 허용하지 않는다. 이것이 유혹이라는 포식자의 아가리로부터 겸손한 심령을 지키고 구하는 방법이다.

여섯 번째 요구 : 구원을 간절히 바라라

이 특별한 회개의 여섯 번째 요구는 구원을 간절히 바라라는 것이다. 영혼이 겸손한 심령 상태를 적절히 유지하고, 만족스럽게 이끌어나갈 뿐 아니라 심지어 그 능력과 정신이 더욱 왕성해지도록 노력한다 해도, 여전히 구원을 바라는 깊은 한숨과 탄식은 항상 동반되기 마련이다. 이런 한숨과 탄식은 구원과 영광에 대한 갈망을 표출한다. 첫 회심에서부터 마지막 구원에 이르기까지 신자의 영혼에는 한숨과 갈망이 가득하다.

첫째, 영혼은 남아 있는 죄의 권세로부터 구원받기를 간절히 갈망한다.

남아 있는 죄와 그 권세는 영혼을 괴롭히고 방해한다. 때로 남아 있는 죄는 영혼의 겸손과 애통함과 자기비하를 독려하기도 하지만, 그것은 순전히 그리스도의 효과적인 은혜 덕분이다. 죄는 고통과 파멸을 야기한다. 바울은 자신의 개인적인 경험을 통해 이를 생생하게 표현했다. "오호라 나는 곤고한 사람이로다 이 사망의 몸에서 누가 나를 건져내랴"(롬 7:24).

죄의 권세로부터 구원받기를 바라는 갈망이 죄를 멸하도록 영혼을 독려한다. 이것이 믿음의 효력이다. 믿음의 효력은 무익하지도 않고 무기력하지도 않다. 믿음은 목표(이 경우에는 죄의 근절)를 이루기 위해 역사한다. 영혼은 죄의 근절을 갈망하고 그것을 이루려고 노력한다. 이것이 믿음의 사역이다. "행함이 없는 믿음은 헛것이다"(약 2:20). 영혼은 끊임없이 죄의 파멸을 추구한다. 영혼은 죄로부터 안식을 얻을 수 없음을 알기에 결코 죄에게 안식이나 평화를 제공하지 않는다. 죄의 근절을 위한 끊임없는 노력이 구원하는 믿음의 복된 증거다.

둘째, 영혼은 죄로부터의 구원을 갈망할 뿐 아니라 영광을 온전히 누릴 수 있기를 갈망한다(롬 8:23).

이는 성령의 첫 열매를 받은 모든 사람, 곧 모든 신자의 의무이자 은혜다. 신자는 누구나 어느 정도는 자신의 육체가 죄의 권세와 지배로부터 구원받기를 갈망한다. 우리는 육체가 죄로부터 완전히 구원받아 양자의 은혜가 전인으로 확대되어 완전해지기를 바란다.

그런 갈망은 가장 큰 겸손과 회개의 심령을 지닌 신자들에게서 가장 강하게 나타난다. 그들은 구원을 간절히 염원한다. 그들은 한숨과 탄식으로 끊임없이 구원을 갈망한다. 그들은 하나님이 장차 나타내실 영광을 바라보며 가장 깊은 슬픔 속에서도 새 힘을 얻는다. 그들은 아침을 기다리는 것보다 주님의 구원을 더욱 간절히 기다린다.

진정으로 회개한 영혼이 자신이 죽어 없어지기를 바랄만큼 이를 강하게 갈망하더라도 그를 나무라서는 안 된다. 그는 단지 그것을 통해 탁월한 변화를 이루어 현재의 생명과 구원을 얻으려고 할 뿐이다.

셋째, 그러나 죽어 없어지기를 바라는 갈망은 살고 싶어 하는 자연스러운 욕망에 의해 억제된다.

믿음은 서로 갈등을 일으키는 두 욕구를 조화시켜 영혼이 조급함과 피로를 느끼지 않도록 지켜 준다. 믿음은 두 욕망 가운데 어느 하나가 영혼을 완전히 지배하지 못하도록 일깨운다. 믿음은 영혼이 하나님의 말씀으로 두 욕구를 잘 조정하도록 이끌어 극단에 치우치지 않도록 한다. 하나님의 말씀으로 그것들을 다스리면 어느 한쪽에 사로잡히지 않을 수 있다.

믿음은 또한 그런 욕구들과 은혜를 혼합시켜 하나님의 뜻에 항상 복종하게 하는 유익한 효과를 발생시킨다. 구체적으로 말하자면, 영혼으로 하여금 "은혜는 죽어 세상을 떠나 그리스도와 함께 있기를 바라지만 본성은 계속 살고 싶어 해. 그러나 나의 기준은 하나님의 주권적인 뜻과 의향이야. '거룩하신 아버지여, 내 뜻대로 마옵시고 주님의 뜻대로 하옵소서.'"라고 말하도록 인도한다. 그리스도께서는 이 일에 가장 큰 본을 보여 주셨다.

일곱 번째 요구 : 영적인 것들을 생각하라

마지막으로 언급하고 싶은 것은 영적인 것을 생각하고, 보이지 않는 영원한 하늘의 것들을 묵상하라는 것이다. 이것으로 지금까지 설명한 회개의 상태가 완성된다.

진정으로 회개한 영혼보다 더 거룩하고 겸손한 생각을 하거나 더 고귀하고 신령한 생각을 할 수 있는 사람은 어디에도 없다. 그런 영혼은 한숨과 단식과 절망을 토로하더라도 특별한 회개의 상태를 통해 복음적인 믿음을 활용함으로써 다른 누구보다도 더 높은 곳에 올라설 수 있다.

그들은 영원히 거하시는 지극히 높으신 하나님께 더 가까이 나아갈 수 있다. 왜냐하면 하나님이 그들과 함께 거하시기 때문이다. "지극히 존귀하며 영원히 거하시며 거룩하다 이름하는 이가 이와 같이 말씀하시되 내가 높고 거룩한 곳에 있으며 또한 통회하고 마음이 겸손한 자와 함께 있나니 이는 겸손한 자의 영을 소생시키며 통회하는 자의 마음을 소생시키려 함이라"(사 57:15).

하나님은 회개하는 심령을 지닌 신자들과 함께 거하시기 때문에 그들은 하늘의 것을 생각함으로써 그분과 각별한 관계를 맺을 수 있다. 자신을 가장 낮게 생각하고 가장 크게 비하하는 사람들이 거룩한 영광을 가장 분명하게 볼 수 있다. 이는 칠흑같은 어둠에 있을 때 별들이 가장 잘 보이는 이치와 같다. 스스로를 가장 낮게 낮추는 영혼이 휘장 안에 있는 것들을 가장 뚜렷하게 본다.

"무릇 하나님께로부터 난 자마다 세상을 이기느니라

세상을 이기는 승리는 이것이니 우리의 믿음이니라

예수께서 하나님의 아들이심을 믿는 자가 아니면

세상을 이기는 자가 누구냐"

요한일서 5장 4-5절

부록

『웨스트민스터 신앙고백』 14장 구원하는 믿음

1항

선택받은 자들이 영혼을 구원할 수 있는 믿음을 가지려면 믿음의 은사가 필요하다(히 10:39). 이 은사는 그들의 마음속에서 이루어지는 성령의 사역에서 비롯하는데(고후 4:13, 엡 1:17-19, 2:8) 대개 말씀의 사역을 통해 일어나며(롬 10:14, 17), 성례의 집행과 기도와 말씀의 사역을 통해 더욱 강화되고 증가된다(벧전 2:2, 행 20:32, 롬 4:11, 눅 17:5, 롬 1:16-17).

2항

신자는 이 믿음으로 말씀 안에서 친히 말씀하시는 하나님의 권위를 믿고, 그 안에 계시된 것은 무엇이든 참된 것으로 받아들이며(요 4:42, 살전 2:13, 요일 5:10, 행 24:14), 각 구절이 가르치는 것에 따라 행동하고, 명령에 복종하며(롬 16:26), 경고를 두려워하고(사 66:2), 현세와 내세를 위한 하나님의 약속을 붙잡는다(히 11:13, 딤전 4:8). 그러나 구원하는 믿음의 중요한 역할은 은혜 언약의 효력을 토대로 칭의와 성화와 영생을 위해 오직 그리스도만을 영접하고, 받아들이고, 의지하는 데 있다(요 1:12, 행 16:31, 갈 2:20, 행 15:11).

3항

이 믿음은 정도의 차이가 있어 약하기도 하고 강하기도 하며(히 5:13-14, 롬 4:19-20, 마 6:30, 8:10), 자주 여러 모양으로 공격을 받아 약해질 수도 있지만 마침내는 승리한다(눅 22:31-32, 엡 6:16, 요일 5:4 5). 이 믿음은 믿음의 창시자요, 완성자이신(히 12:2) 그리스도를 통해 여러 각도에서 성장을 거듭해 온전한 확신에 이른다(히 6:11-12, 10:22, 골 2:2).

※ 로비트 쇼, 『웨스트민스터 신앙고백 해설』 (조계광 역, 생명의말씀사 출간)에서 발췌하였습니다.

주

이 책에 대하여

1) 오웬의 생애를 간략하게 살펴보려면 다음의 자료를 참고하라. Joel Beeke and Randall J. Pedrson, *Meet the Puritans: With a Guide to Modern Reprints* (Grand Rapids: Reformation Heritage Books, 2007), 455-63. 아울러 그의 생애를 상세하게 살펴보려면 다음의 자료를 참고하라. Peter Toon, *God's Statesman: The Life and Work of John Owen* (Exeter, England: Paternoster Press, 1971). 또는 Crawford Gribben, *John Owen and English Puritanism: Experience of Defeat* (Oxford: Oxford University Press, 2016)을 보라.

2) *The Works of John Owen*, ed. W. H. Goold, 24 vols, (1850-1853; repr., Edinburgh: Banner of Truth, 1966). 이 책에서 오웬의 전집을 인용한 내용은 모두 배너출판사의 간행본에 근거했다. 죄의 문제를 다룬 세 권의 책은 『죄 죽임』(*Of the Mortification of Sin in Believers*), 『시험』(*Of Temptation: The Nature and Power of It, Etc.*), 『신자 안에 내재하는 죄』(*The Nature, Power, Deceit and Prevalency of the Remainders of Indwelling Sin in Believers*)로 이루어져 있다. 이 책들은 오웬 전집 6권에 모두 들어 있고, 본문에서 말한 대로 『죄와 유혹』(*Overcoming Sin and Temptation,* ed. Justin Taylor and Kelly M. Kapic [Wheaton, Ill.: Crossway, 2006])이라는 한 권의 책으로 출판되었다. 『그리스도의 죽으심』은 오웬 전집 10권에서 찾아볼 수 있고, 배너출판사에 의해 제임스 패커의 서문이 첨부된 한 권의 책으로 출판되었다. 『성부와 성자와 성령과의 교통』은 오웬 전집 2권에 들어 있고, 『성삼위 하나님과의 교

통』(*Communion with the Triune God,* ed. Justin Taylor and Kelly M. Kapic, [Wheaton, Ill.: Crossway, 2007])이라는 제목으로 출판되었다. 『그리스도의 영광』은 오웬 전집 1권에, 『성령론』은 3, 4권에 각각 들어 있다. 이 밖에도 오웬의 책들 가운데 여러 권이 현대 영어로 개작되어 보급판으로 발행되었다. 『구원하는 믿음의 증거』는 오웬 전집 5권(401-57)에 들어 있다. 이 책의 원제는 *Gospel Grounds and Evidences of the Faith of God's Elect*이다.

3) Jonathan Edwards, *Religious Affections*, ed. John E. Smith, *The Works of Jonathan Edwards*, vol. 2 (New Haven, Conn.: Yale University Press, 1959).

chapter 1 **첫 번째 증거**

구원하는 믿음은 오직 그리스도의 사역을 통해 죄인들을 구원하시는 하나님의 방법만을 선택하고, 수용하고, 인정한다

1) 특히 다음 자료를 참고하라. John owen, *vindiciae Evangelicae (The Mistery of the Gospel Vindicated and Socinianism Examined)*, *The Works of John Owen*, ed. W. H. Goold (Edinburgh: Banner of Truth, 1966), 12:1-616.

2) John Owen, *Christologia (A Declaration of the Glorious Mystery of the Person of Christ-God and Man)*, *The Works of John Owen*, ed. W. H. Goold (Edinburgh: Banner of Truth, 1966), 1:178-223.

3) "각성된 영혼"이라는 오웬의 표현은 성령의 내적 조명을 경험한 거듭난 신자를 염두에 두고 말한 것이다. 그가 "빛"이라는 용어를 사용한 것은 성경에 근거한다(시 119:18, 눅 24:45, 고후 4:6, 엡 1:18, 벧전 2:9). 오웬이 이 점을 좀 더 상세하게 설명한 내용을 살펴보려면 다음 자료를 참고하라. John Owen, *The Causes, Ways, and Means of Understanding the Mind of God*, *The Works of John Owen*, ed. W. H. Goold (Edinburgh; Banner of Truth, 1966), 4:163-71.

chapter 2 두 번째 증거

구원하는 믿음은 성경에 계시된 대로 하나님이 요구하시는 거룩함과 복종을 습관적으로 추구한다

1) Owen, *Pneumatologia*, *Works*, 3:366-565.
2) 오웬은 성령에 관해 논하면서 하나님의 형상을 "하나님과의 선천적인 유사성, 곧 그분의 생각과 의지를 닮아 그분의 거룩하심과 의로우심을 드러내는 것"으로 정의했다(*Pneumatologia*, *Works*, 3:285). 여기에서 그가 하나님의 형상을 잃어버렸다고 말한 이유를 이해할 수 있다. 그러나 개혁주의 신학은 성경이 가르치는 대로 타락한 상태의 인간조차도 어느 정도는 하나님의 형상을 유지하고 있다고 믿는다. 헤르만 바빙크는 "개혁주의 신학자들은…… 하나님의 형상이 광의의 의미와 협의의 의미를 동시에 지닌다고 생각한다. 그들은 인간이 한편으로는 타락 이후에도 여전히 하나님의 형상을 지니고 있기 때문에 존중받을 가치가 있지만(창 5:1, 9:6, 행 17:28, 고전 11:3, 약 3:9), 또 다른 한편으로는 하나님의 형상에 내포된 가장 중요한 자질(지식, 의로움, 거룩함)을 상실했기 때문에 오직 그리스도 안에서만 그런 자질을 회복할 수 있다는 것(엡 4:24, 골 3:10)을 성경의 가르침으로 확신한다."고 말했다. Herman Bavinck, *Reformed Dogmatics*, *Vol. 2: God and Creation*, ed. John Bolt, trans. John Vriend (Grand Rapids: Baker Academic, 2006), 550. 오웬은 하나님의 형상을 두 번째 의미, 곧 협의의 의미로 이해했다.
3) 오웬은 여기서 "각성된"이라는 용어를 앞서 사용한 것과는 다른 의미로 사용한다. 여기에서 그는 양심의 가책을 어느 정도 느낄 뿐 아직 구원하는 믿음으

로 그리스도를 온전히 영접하지 않은 사람을 염두에 두고 말했다. "각성된 양심"과 구원하는 믿음을 대비시켜 말한 내용에서 이 점이 분명하게 드러난다.

chapter 3 세 번째 증거
구원하는 믿음은 거룩한 예배를 드릴 때 모든 은혜를 활용하려고 항상 노력한다

1) 여기서 오웬이 말하려는 의미가 다소 불분명하다. 그는 자신의 설교에서 "세상과 같은 방식으로 의무를 이행하고 신앙을 고백하는 행위는 사람들의 눈을 가려 지옥으로 이끄는 교묘한 수단에 지나지 않는다."고 말했다. *Sermon 7, The Works of Owen*, ed. W. H. Goold (Edinburgh: Banner of Truth, 1966), 8:331. 오웬은 또 다른 설교에서도 "의무를 이행하더라도 얼마든지 부패함에 빠질 수 있다. 그렇게 되지 않으려면 은혜를 올바르게 활용해 의무를 이행해야 한다. 부패함에 치우친 사람들이 의무들을 늘려 양심을 무마시키고, 스스로 저지른 잘못을 하나님께 보상하려고 시도하는 경우가 종종 있다. 사람들은 기도의 양을 늘리고, 말씀을 더 열심히 전하고, 다른 여러 가지 의무에 관심을 기울인다. 그들은 죄의 속임수에 빠져 그런 일들을 함으로써 자신의 부패함을 은폐한다. 그러나 그런 식으로 의무를 이행하는 것은 참된 은혜의 활용과 견혀 무관하다."고 강조했다. *Sermon 9, Woks*, 8:387. 이런 말들은 오웬이 은혜의 내적인 활용은 소홀히 하면서 외적인 의무 이행에만 의존하는 사람들을 염두에 두었다는 것을 암시한다. 이런 점으로 미루어 볼 때 "은사만을 의지하여"라는 오웬의 표현은 음악이나 의식과 같이 예배를 외적으로 돕는 요소들을 가리키는 것으로 보인다. 요즘의 상황을 고려하면 예배 중에 음악과 가창력에만 관심을 기울일 뿐, 찬양을 하는 동안 믿음으로 그리스도를 바라보지 않는 사람들을 떠올릴 수 있다.
2) 동정녀 마리아의 중보를 호소하는 전통적인 로마 가톨릭교회의 기도문.
3) 사도신경을 암송하는 것.
4) "자기를 낮추셔야 한다"(condescension)는 표현은 우월한 존재가 자신을 열등한 존재의 수준에 맞추는 것을 의미한다. 이 영어 단어에는 "생색을 낸다"는 의미도 담겨 있지만 오웬은 이 말을 그런 의미로는 사용하지 않았다.

chapter 4 네 번째 증거
구원하는 믿음은 영혼을 특별한 회개의 상태로 이끈다

1) "적당히 무마한다."는 것은 죄의 원인을 제거하지 않은 채 그 징후만을 완화시키는 것을 의미한다.

2) John Owen, *The Grace and Duty of Being Spiritually Minded*, *The Works of John Owen*, ed. W. H. Goold (Edinburgh: Banner of Truth, 1966), 7:261-497. Owen, *Meditations and Discourses on the Glory of Christ*, *Works*, 1:273-417.

3) "내가 지금 기뻐함은 너희로 근심하게 한 까닭이 아니요 도리어 너희가 근심함으로 회개함에 이른 까닭이라 너희가 하나님의 뜻대로 근심하게 된 것은 우리에게서 아무 해도 받지 않게 하려 함이라 하나님의 뜻대로 하는 근심은 후회할 것이 없는 구원에 이르게 하는 회개를 이루는 것이요 세상 근심은 사망을 이루는 것이니라 보라 하나님의 뜻대로 하게 된 이 근심이 너희로 얼마나 간절하게 하며 얼마나 변증하게 하며 얼마나 분하게 하며 얼마나 두렵게 하며 얼마나 사모하게 하며 얼마나 열심 있게 하며 얼마나 벌하게 하였는가 너희가 그 일에 대하여 일체 너희 자신의 깨끗함을 나타내었느니라."

4) 오웬이 죄를 죽이는 방법을 좀 더 상세하게 다룬 내용을 살펴보려면 다음 자료를 참고하라. *Of the Mortification of Sin in Believers*, *Works*, 6:1-86. 또한 다음 자료 4권 8장에 실린 논의도 아울러 참고하라. *Pneumatologia*, *Works*, 3:538-65. 최근에 이 문제를 논의한 내용을 원한다면 다음 자료를 참고하라. 이 자료는 이용하기가 좀 더 용이할 것이다. Brian G. Hedges, *Licensed to Kll: A Field Manual for Mortifying Sin* (Adelphi, Md.: Cruciform Press, 2011).

5) 오웬은 다음의 자료에서 영혼의 경성(警省)이 무엇을 의미하는지 논했다. *Of Temptation*, *Works*, 6:127-49.

사명선언문

너희가 흠이 없고 순전하여······세상에서 그들 가운데 빛들로
나타내며 생명의 말씀을 밝혀 _ 빌 2:15-16

1. 생명을 담겠습니다
만드는 책에 주님 주신 생명을 담겠습니다.
그 책으로 복음을 선포하겠습니다.

2. 말씀을 밝히겠습니다
생명의 근본은 말씀입니다.
말씀을 밝혀 성도와 교회의 성장을 돕겠습니다.

3. 빛이 되겠습니다
시대와 영혼의 어두움을 밝혀 주님 앞으로 이끄는
빛이 되는 책을 만들겠습니다.

4. 순전히 행하겠습니다
책을 만들고 전하는 일과 경영하는 일에 부끄러움이 없는
정직함으로 행하겠습니다.

5. 끝까지 전파하겠습니다
모든 사람에게, 땅 끝까지, 주님 오시는 그날까지
복음을 전하는 사명을 다하겠습니다.

서점 안내

광화문점　서울시 종로구 새문안로 69 구세군회관 1층
　　　　　　02)737-2288 / 02)737-4623(F)

강남점　　서울시 서초구 신반포로 177 반포쇼핑타운 3동 2층
　　　　　　02)595-1211 / 02)595-3549(F)

구로점　　서울시 동작구 시흥대로 602, 3층 302호
　　　　　　02)858-8744 / 02)838-0653(F)

노원점　　서울시 노원구 동일로 1366 삼봉빌딩 지하 1층
　　　　　　02)938-7979 / 02)3391-6169(F)

분당점　　경기도 성남시 분당구 황새울로 315 대현빌딩 3층
　　　　　　031)707-5566 / 031)707-4999(F)

일산점　　경기도 고양시 일산서구 중앙로 1391 레이크타운 지하 1층
　　　　　　031)916-8787 / 031)916-8788(F)

의정부점　경기도 의정부시 청사로47번길 12 성산타워 3층
　　　　　　031)845-0600 / 031) 852-6930(F)

인터넷서점　www.lifebook.co.kr